物理好难学啊……

这个好办，给你讲几个故事，看几张图，你就会了。

真的有这么容易？

来吧，我们现在就开始！

随身版

陈磊·混知教育团队 著

青岛出版集团 | 青岛出版社

图书在版编目(CIP)数据

知识点有画面·物理早知道2 / 陈磊·混知教育团队著. —青岛:
青岛出版社，2023.3

ISBN 978-7-5736-0984-7

Ⅰ. ①知… Ⅱ. ①陈… Ⅲ. ①中学物理课—初中—教学参考资料
Ⅳ. ①G634

中国版本图书馆CIP数据核字（2023）第018533号

ZHISHIDIAN YOU HUAMIAN · WULI ZAO ZHIDAO (2) (SUISHEN BAN)

书　　名 知识点有画面·物理早知道（2）（随身版）

作　　者 陈磊·混知教育团队

出版发行 青岛出版社（青岛市崂山区海尔路182号）

本社网址 http://www.qdpub.com

邮购电话 18613853563

策　　划 马克刚　贺　林

责任编辑 金　汶　贺　林

特约编辑 顾　静

装帧设计 王晶璎

印　　刷 天津联城印刷有限公司

出版日期 2023年3月第1版　2023年3月第1次印刷

开　　本 32开（880mm×1230mm）

印　　张 6

字　　数 150千

书　　号 ISBN 978-7-5736-0984-7

定　　价 49.00元

编校印装质量、盗版监督服务电话 4006532017 0532-68068050

目 录

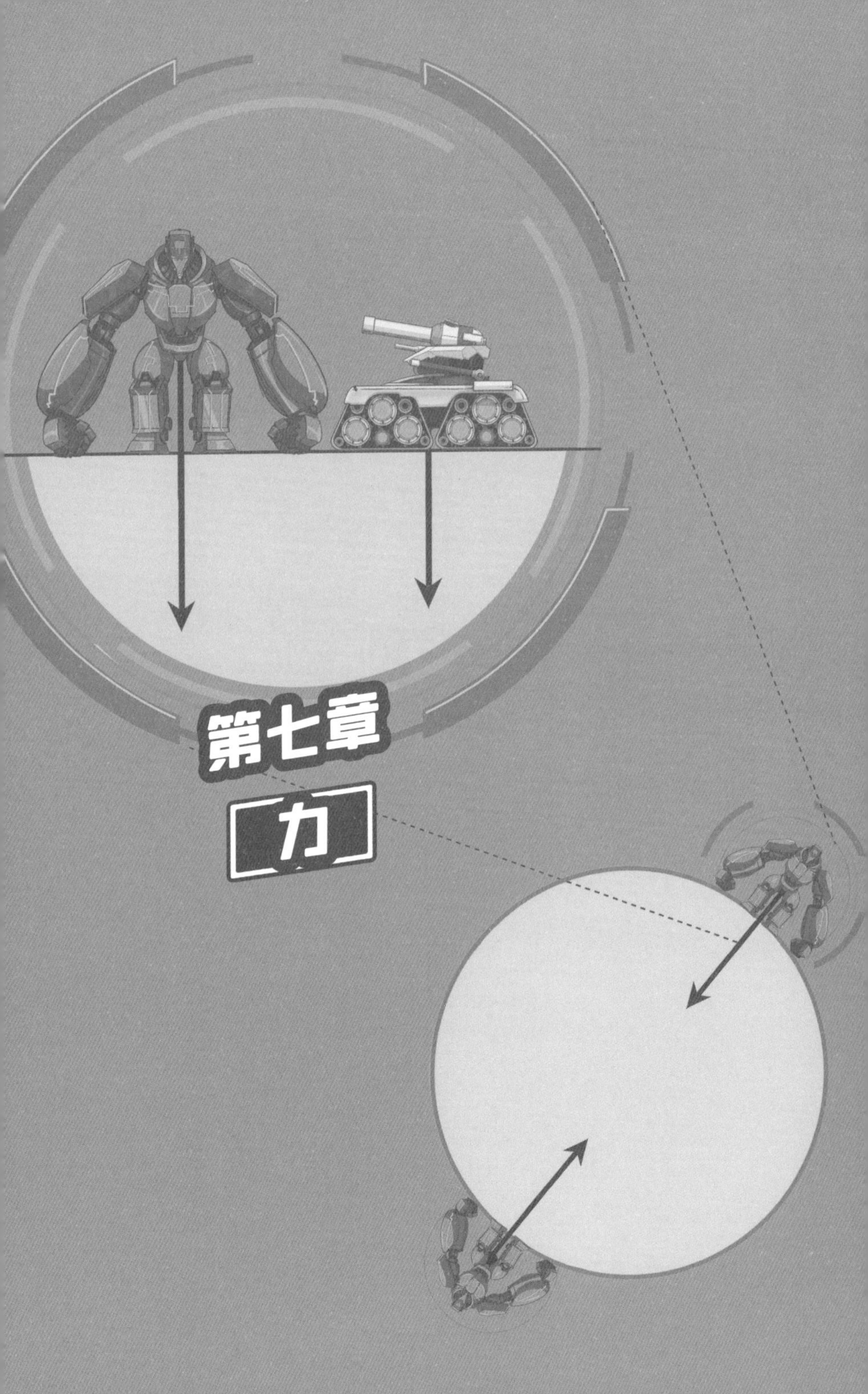

第七章

力

力

第一节
力的三要素

在我们的日常生活中，
力无处不在。
机械运转需要力，
飞机上天需要力，
甚至连我们稳稳地站在地面上也需要力。
那么力到底是什么？

为了帮大家搞清楚力是怎么回事，
今天我就给大家讲个故事。

外星人的主要战力是机甲。

地球人能依靠的则是最新式的坦克。

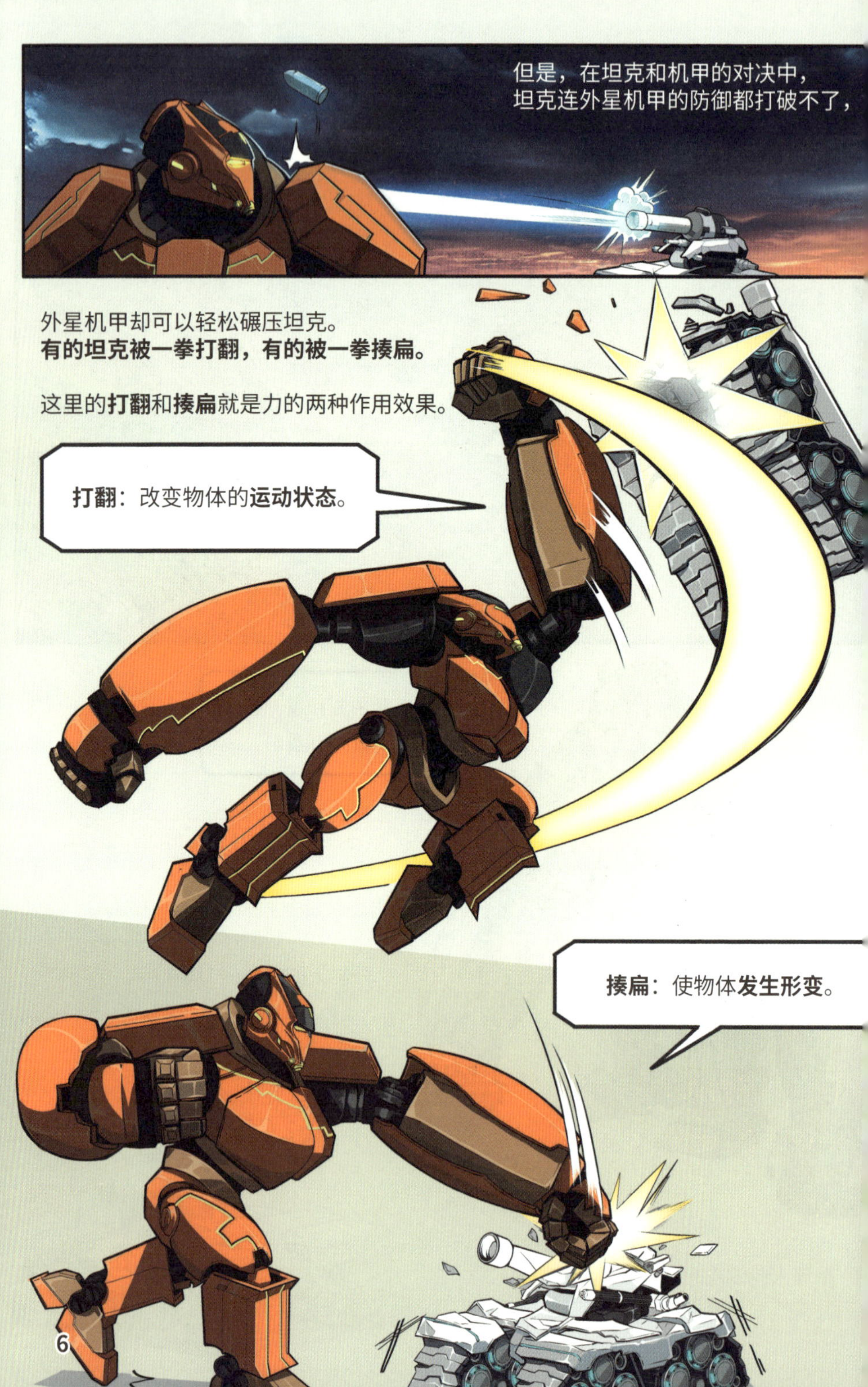
但是，在坦克和机甲的对决中，
坦克连外星机甲的防御都打破不了，
外星机甲却可以轻松碾压坦克。
有的坦克被一拳打翻，有的被一拳揍扁。
这里的**打翻**和**揍扁**就是力的两种作用效果。
打翻：改变物体的**运动状态**。
揍扁：使物体**发生形变**。

在物理学中，打翻、揍扁等词都可以概括成一个词，叫**作用**。

力就是物体对物体的作用。

发生作用的两个物体，一个叫**施力物体**，一个叫**受力物体**。
在外星机甲打翻坦克的过程中：

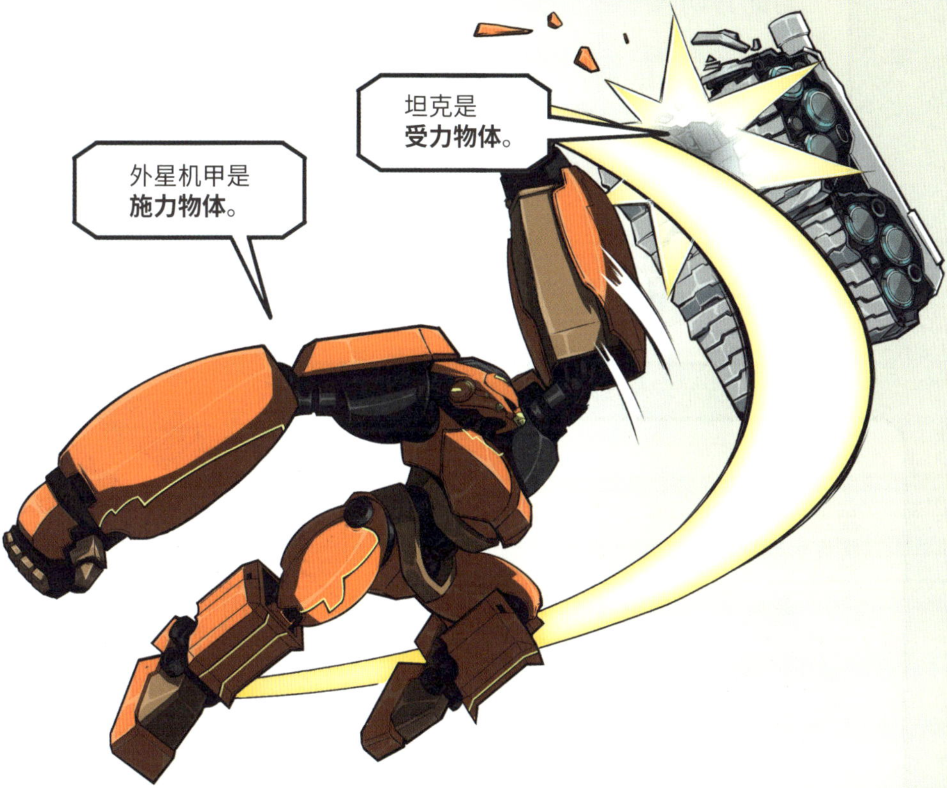

外星机甲是**施力物体**。

坦克是**受力物体**。

力的符号是 ***F***，
单位叫**牛顿**，简称**牛**，用符号 **N** 表示。

1 牛是多大呢？
举个例子，用手托起两个鸡蛋，
这时候你用的力大概就是 1 牛。

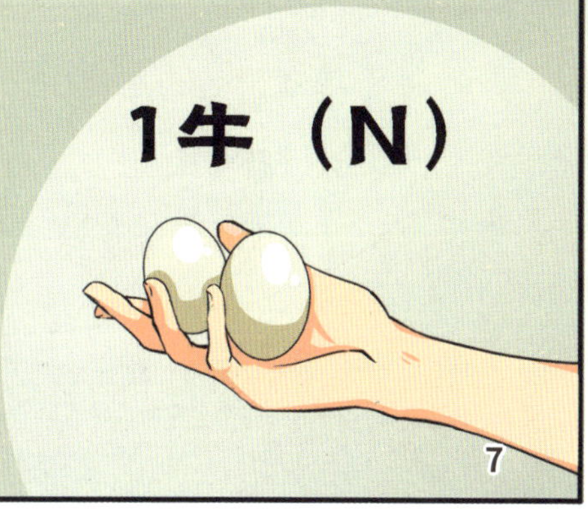

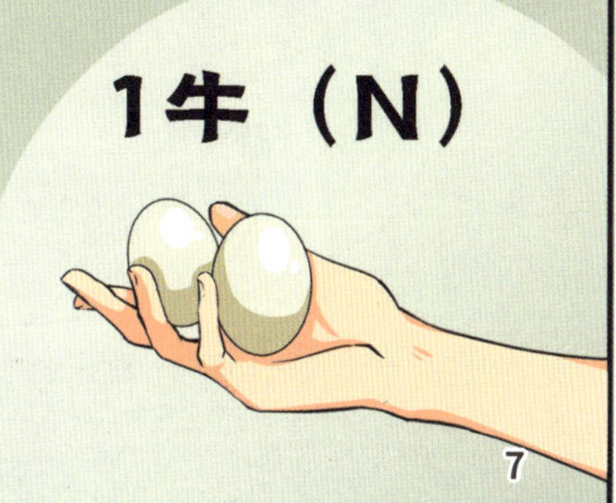

有的同学可能觉得这种用拳头打架的方式没什么技术含量。实际上，这种方式不仅有技术含量，而且还很基础！

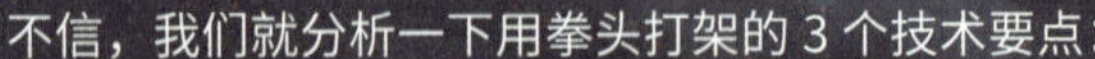

不信，我们就分析一下用拳头打架的 3 个技术要点：

力的方向

向哪个方向用力
决定了坦克往哪边翻。

力的大小

用多大力很重要。如果用的力小了，
坦克可能根本不会受到损伤。

力的作用点
选择打在哪里，这影响很大。
如果击打的位置不对，可能要用
更大的力量才能把坦克打翻。
这 3 个技术要点就是**力的三要素**，
决定了力的作用效果。

在下面这张图里，我们用一条带箭头的线段来表示力。
这是在物理学中表示力的方法：

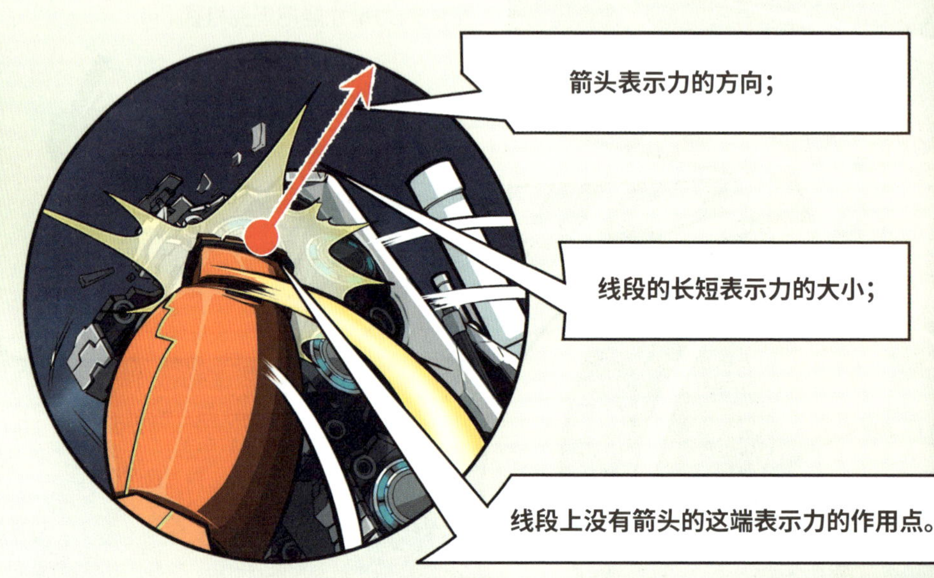

这样就能把力的三要素都表示出来。

我们平时提东西、推车都可以这样来表示。

我们接着讲。这一天，
外星机甲和地球坦克又打起来了。

机甲逮住一个机会，抬起手臂，
集中全身的力量，想把坦克揍扁。

人类坦克也不含糊，
把速度开到最大，
躲开了机甲的致命一击。

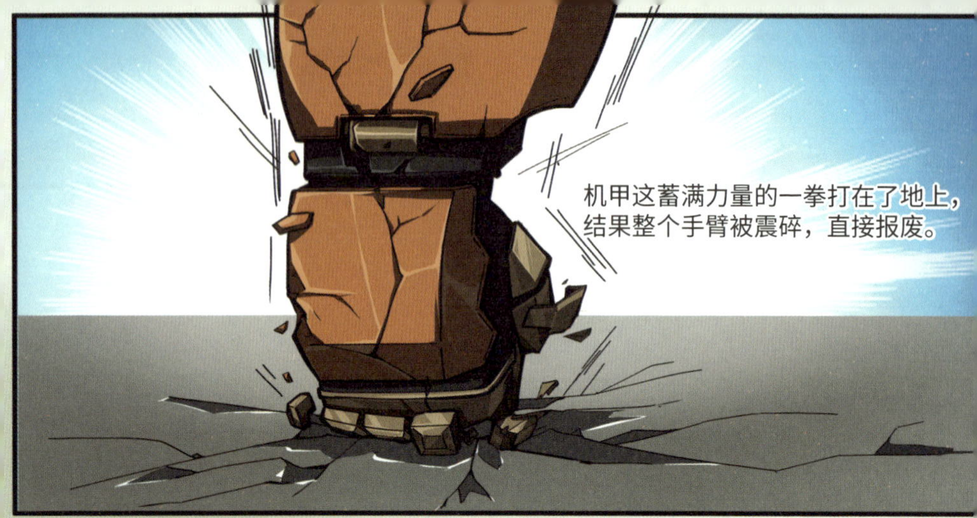

明明是机甲击打地面，
为什么机甲自己会受伤呢？

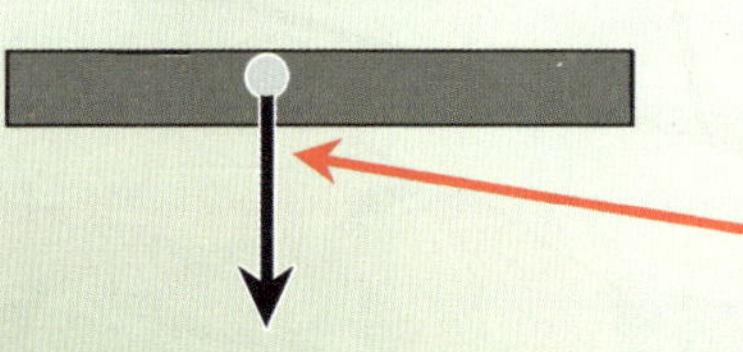

这是因为**力的作用是相互的**。
当机甲给地面一个力的时候，

地面也给机甲一个力，
所以机甲的一条手臂就这么毁掉了。

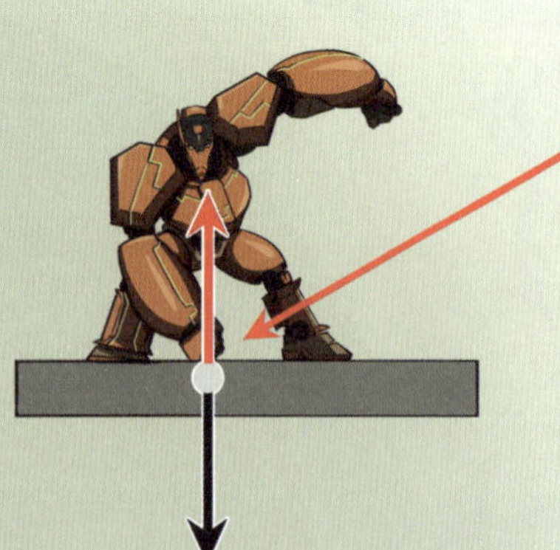

外星人和地球人的大战，
还会用到哪些力学知识呢？
下节我们接着聊。

小　结

SUMMARY

1 力和力的作用效果

力是物体对物体的作用。力可以改变物体的运动状态，也可以使物体发生形变。

2 力的三要素

力的三要素是力的大小、力的方向和力的作用点。

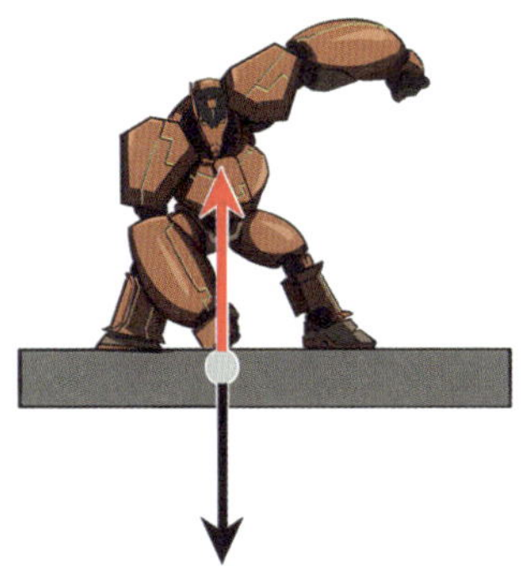

3 力的作用是相互的

当一个物体对另一个物体施力的时候，后者也同时对前者施力。

拓展阅读

四种基本力

1

自然界中有各种各样的力，比如摩擦力、推力和拉力。经过研究，科学家发现，力看起来五花八门，其实翻来覆去也就四大类：

引力　电磁力

强相互作用力　弱相互作用力

2

引力是物体之间相互吸引的力，所有物体之间都有引力。例如：地球绕着太阳转，人造卫星绕着地球转，其实都是因为引力的作用。

3

电磁力是带电物体之间的相互作用。我们常说的同种电荷相互排斥，异种电荷相互吸引，说的就是电磁力。

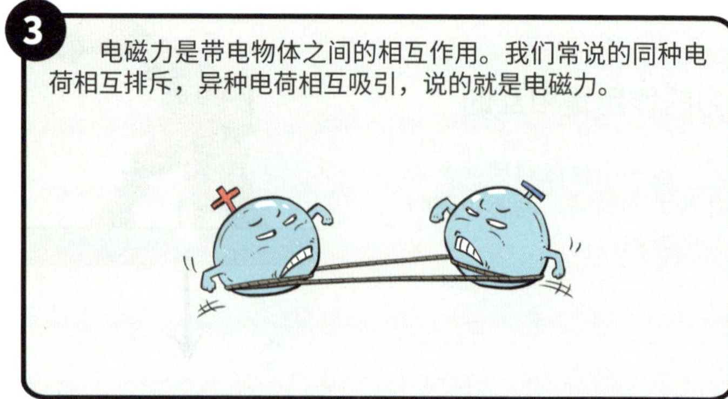

4

引力和电磁力说完了，要想了解另外两种力，先得搞懂物质的微观结构。组成物质的基本单位是原子，原子里面还有更精细的结构——原子核。

原子核里包括质子和中子。

5

原子核里的质子都带正电。按理说质子之间应该会相互排斥，可为啥原子核还能这么结实呢？这就要说到里面的强相互作用力了。

强相互作用力像强力胶水，把中子和质子紧紧地黏在一起。

6

除此之外，微观粒子中还存在一种弱相互作用力，只不过弱相互作用力的作用距离很短。对于强相互作用力和弱相互作用力，人类的了解还远远不够，还有很多需要探索。

第二节 弹力和重力

我们继续讲外星机甲和人类坦克的大战。
外星机甲战斗力很强，人类只好退守到一个高地上。这里地势险要，外星机甲很难攀登上去。
你上来啊！
你下来啊！

于是，外星指挥官就想了一个办法——弹射。

弹射用到的装置就像下面这样，
有点儿像我们玩的弹弓。

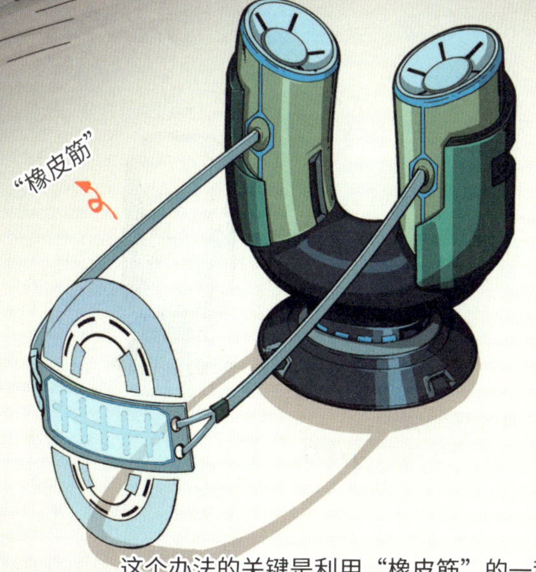

这个办法的关键是利用“橡皮筋”的一种性质——**弹性**。

开始的时候，“橡皮筋”因为受力而拉长。

在不受力的时候，“橡皮筋”又会恢复到原来的形状，并把外星机甲弹射出去。

“橡皮筋”的这种性质叫**弹性**。
这种因为弹性形变而产生的力叫**弹力**。

与**弹性**相对应的是**塑性**。物体受力发生变形后，外力消失，物体不能自动恢复到原来的形状。物体的这种性质叫**塑性**。

例如：把“橡皮筋”换成面团。
受力时面团被拉长，
拉力消失时，
你会收获一碗拉面。

需要注意的是，弹性也是有限度的。
如果超过这个限度，物体就不能恢复到原来的形状，也就是坏了。

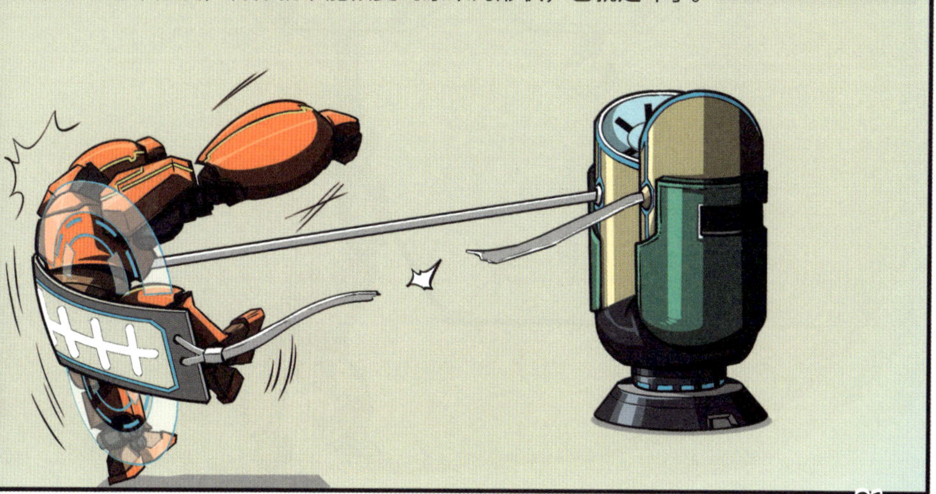

我们还能利用弹性制作测量力大小的工具，比如**弹簧测力计**。

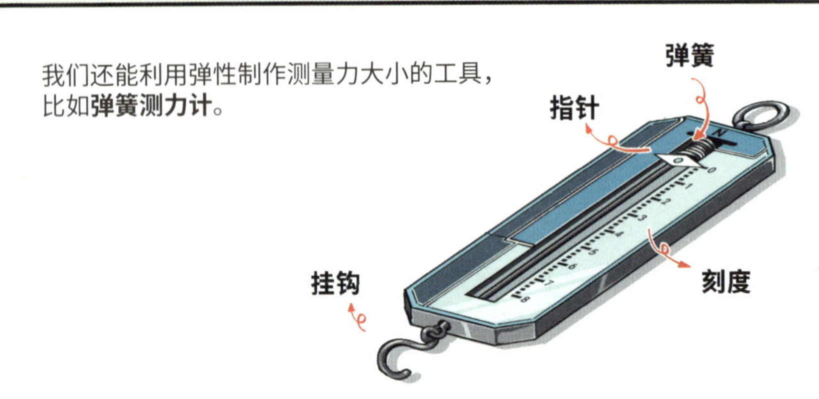

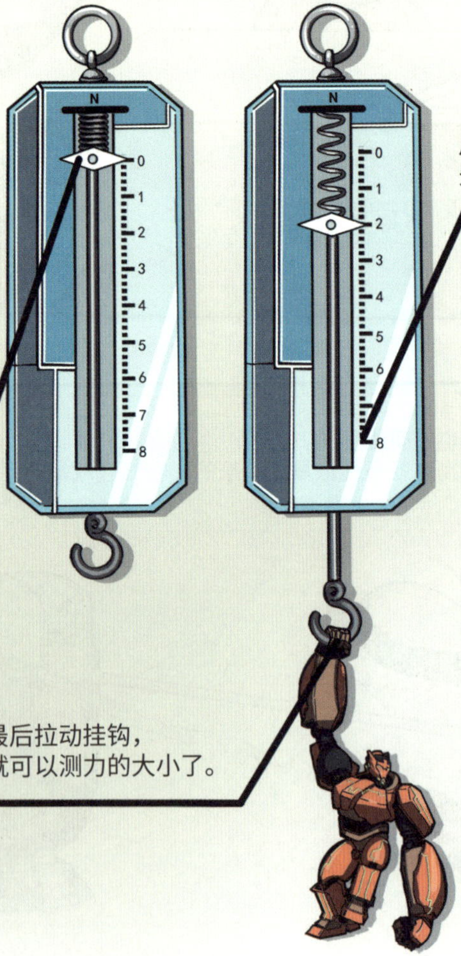

用法也很简单。
先看清楚**量程**和**分度**

然后看指针
在不在**零刻度线上**，

最后拉动挂钩，
就可以测力的大小了。

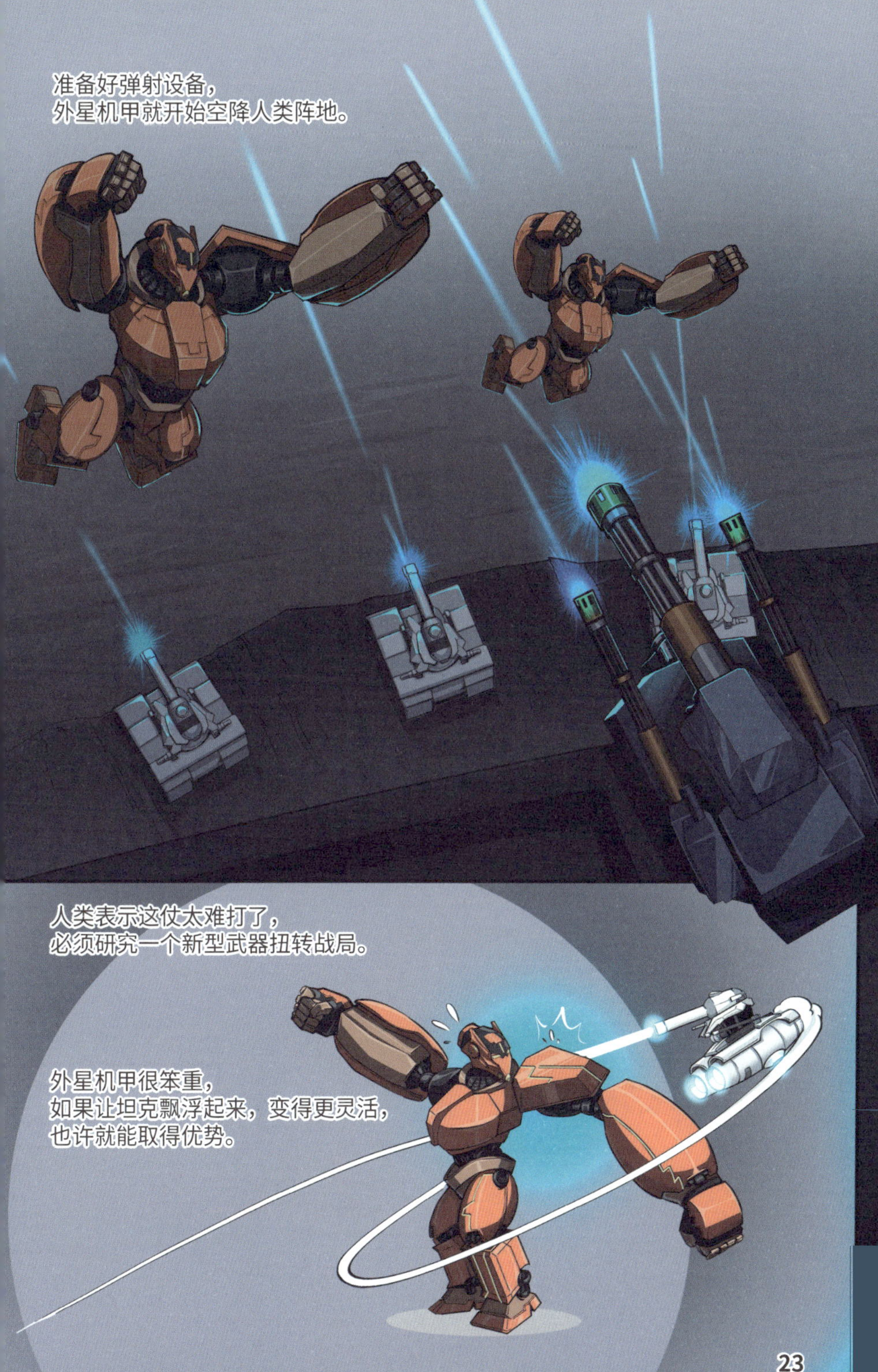
准备好弹射设备，
外星机甲就开始空降人类阵地。
人类表示这仗太难打了，
必须研究一个新型武器扭转战局。
外星机甲很笨重，
如果让坦克飘浮起来，变得更灵活，
也许就能取得优势。

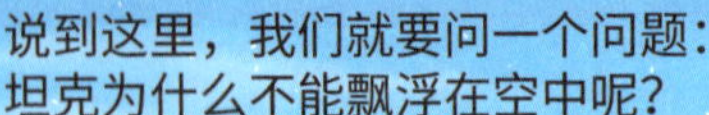

说到这里，我们就要问一个问题：
坦克为什么不能飘浮在空中呢？

因为重力。

地球上的所有物体都要受到重力的影响：

水总是由高处向低处流。

跳伞运动员会落在地面上。

扔向空中的石块最终会落到水中。

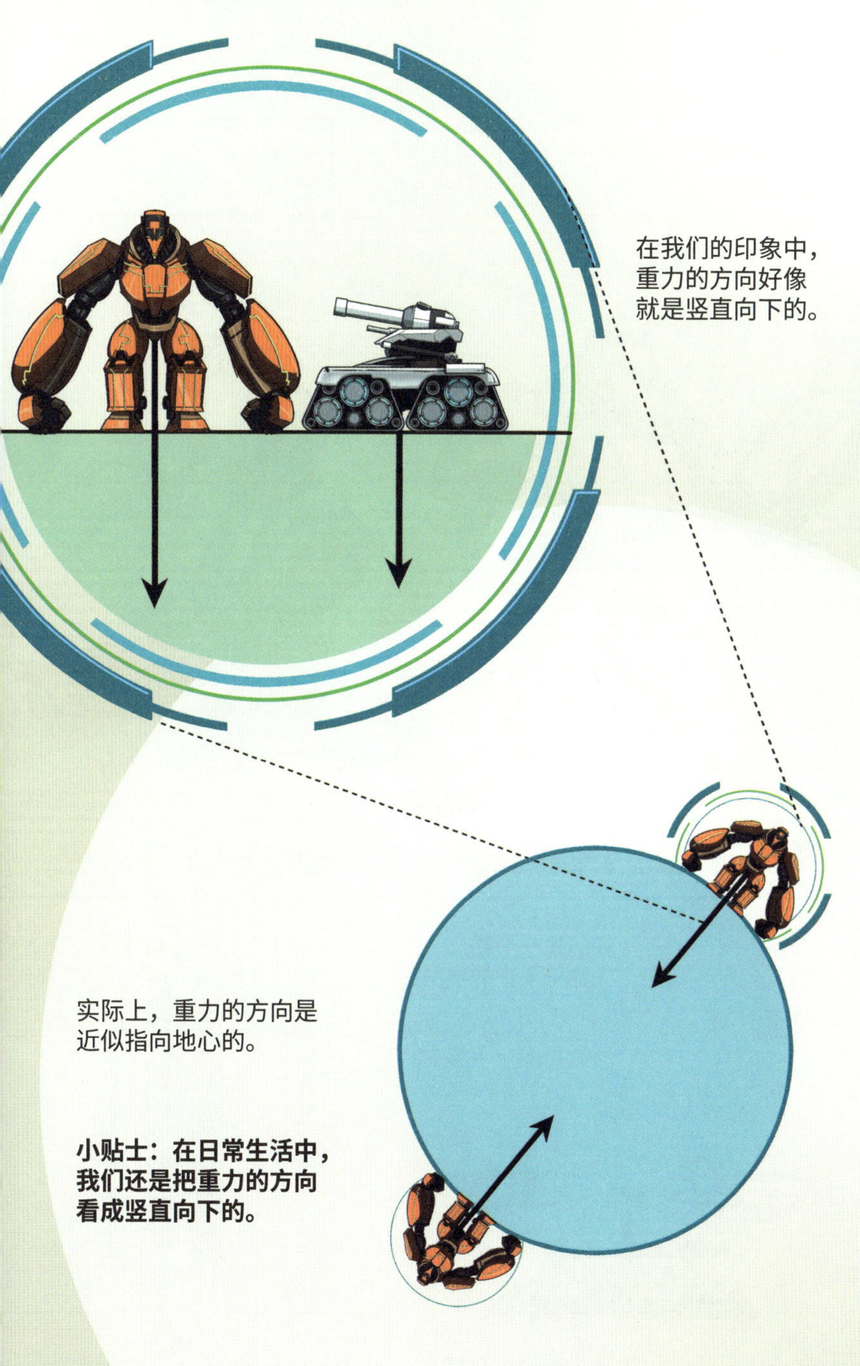

在我们的印象中，
重力的方向好像
就是竖直向下的。

实际上，重力的方向是
近似指向地心的。

**小贴士：在日常生活中，
我们还是把重力的方向
看成竖直向下的。**

我们知道了重力的方向，那重力有多大呢？

我们拿起质量小的物体，
用的力量小。

我们拿起质量大的物体，
用的力量大。

这说明，重力的大小跟物体的质量有关系。

我们找一个物体，
先称一下它的质量，

然后再测一下重力。

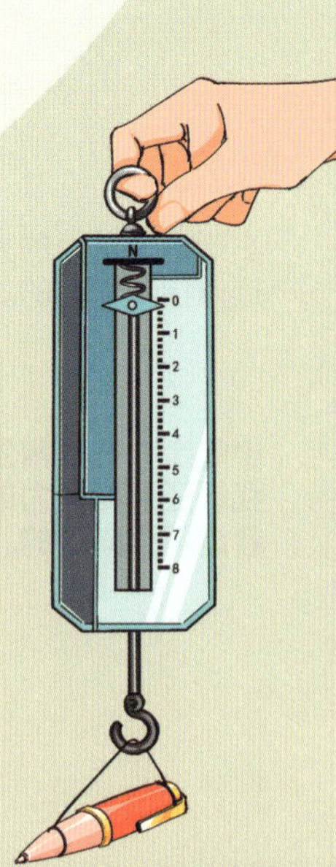

最后我们把数据
整理成一个表：

物体	质量	重力大小
钢笔	0.02 kg	0.196 N
尺	0.04 kg	0.392 N
胶水	0.3 kg	2.94 N

在这个表里我们会发现，好像重力的大小就是质量乘以一个数字啊！

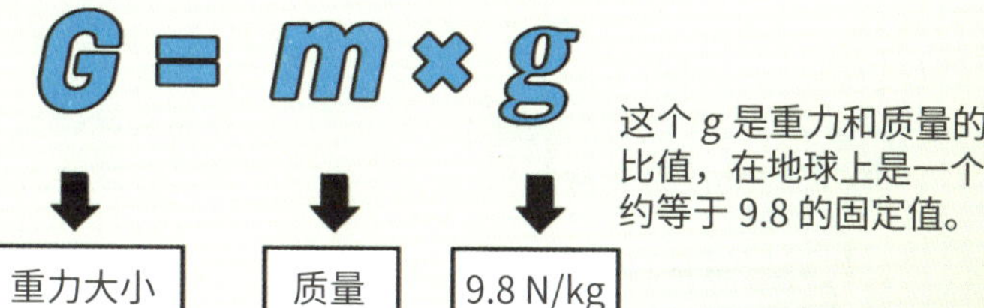

这个 g 是重力和质量的比值，在地球上是一个约等于 9.8 的固定值。

接下来我们来看一下重力的作用点。其实，地球对物体的吸引是全方位的，物体的每个部分都被地球吸引。

但是，对于物体整体来说，重力好像作用在一个点上，这个点就是**重心**。

那么这个重心在哪里呢？

像坦克这种**不规则的物体**，重心不好确定，
对于各位同学来说属于严重超纲的内容。

不过，对于一些简单的几何体，我们还是可以轻松找到**重心**的：

质量分布均匀的**方形薄板**的重心在**对角线的交点**上。

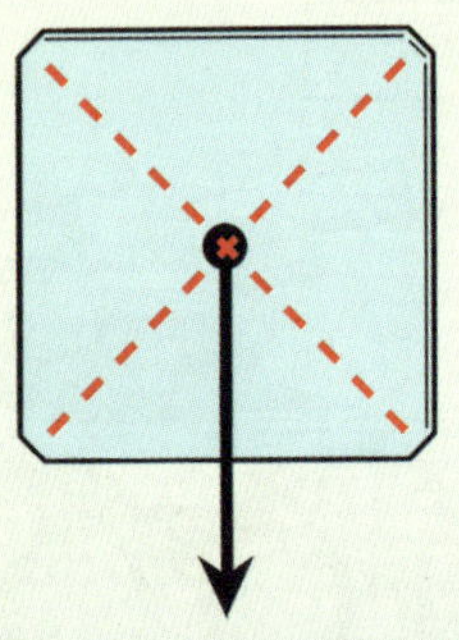

质量分布均匀的**球体**的重心在**球心**上。

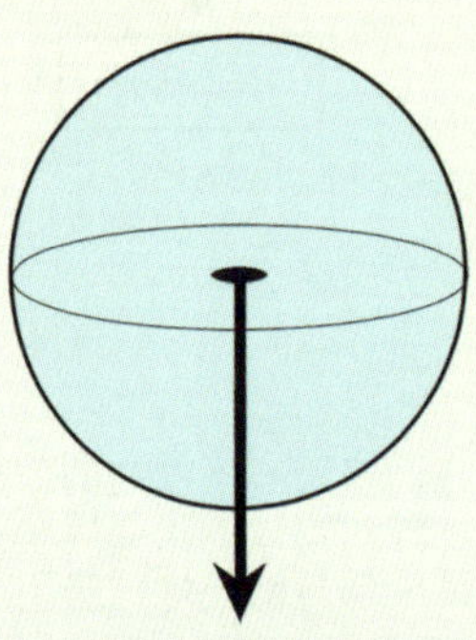

根据重力的特点，人类研发出了反重力系统。
这使坦克可以悬浮在地面上，在面对外星机甲时更加灵活，
终于可以有力反击。

不过问题又来了：
为什么悬浮的坦克
会更加灵活呢？
下一章我们继续聊。

1 弹力

物体由于发生弹性形变而产生的力叫作弹力。

2 弹簧测力计

在物体弹性限度内，物体发生的形变越大，产生的弹力越大。弹簧测力计用到的就是这个原理。

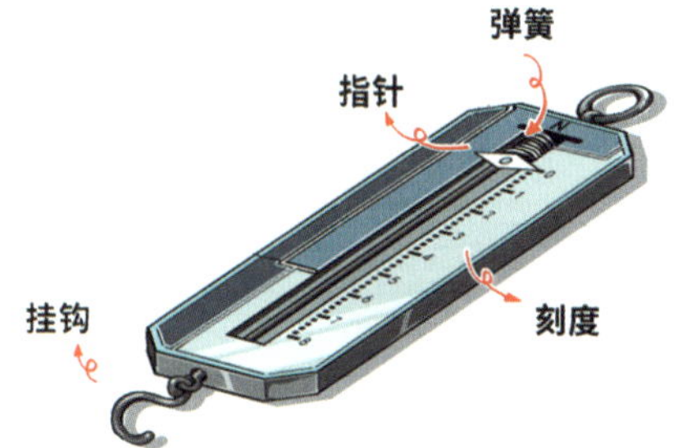

3 重力

地球对物体会有吸引作用。因为这种吸引而使物体受到的力叫作重力。

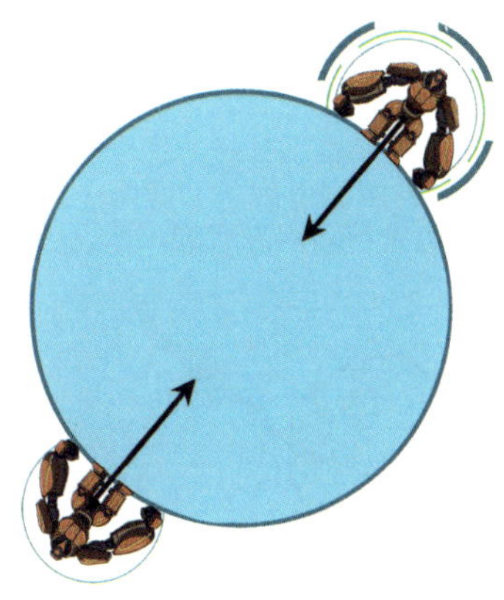

拓展阅读

宇宙中的万有引力

1

1687 年，物理学家牛顿在《自然哲学的数学原理》这本书里提到：任何两个物体之间都有一种相互吸引的力，这个力叫万有引力。

2

除了地球，宇宙中也有万有引力。例如：地球绕着太阳转，月球绕着地球转，这都是万有引力的作用。

3

自然天体的运动离不开万有引力，人类发明的人造卫星模仿了天体的运动，也离不开万有引力。

4

那人造卫星是怎么工作的呢？其实很简单，人造卫星先是被发射上天，然后靠着自己和地球之间的引力，一边绕着地球转，一边做自己的本职工作。

5

人造卫星除了绕地球转，也会绕其他天体转。例如：中国发射的“嫦娥一号”月球探测器，就是绕着月球转的人造卫星。

6

“嫦娥一号”是怎么跑到月球身边的呢？其实这个过程挺简单：

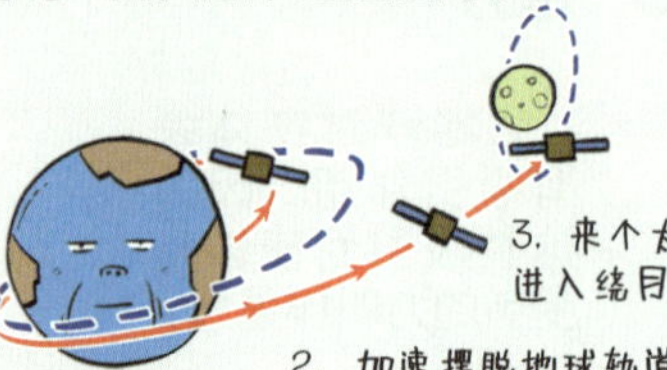

第八章

运动跟力有什么关系？

运动跟力有什么关系？

第一节

牛顿第一定律和三力平衡

在我们的生活中，
运动是再寻常不过的事儿了，
但是你有没有想过：
我们如何保持运动状态呢？
为了搞清楚这个问题，我们接着讲
地球人和外星人作战的故事。
一辆人类坦克载着一支特战小队在冰原上疾驰。
这支特战小队正在执行一个重要任务。
任务目标就是抢走外星人的
秘密武器——高能粒子炮。

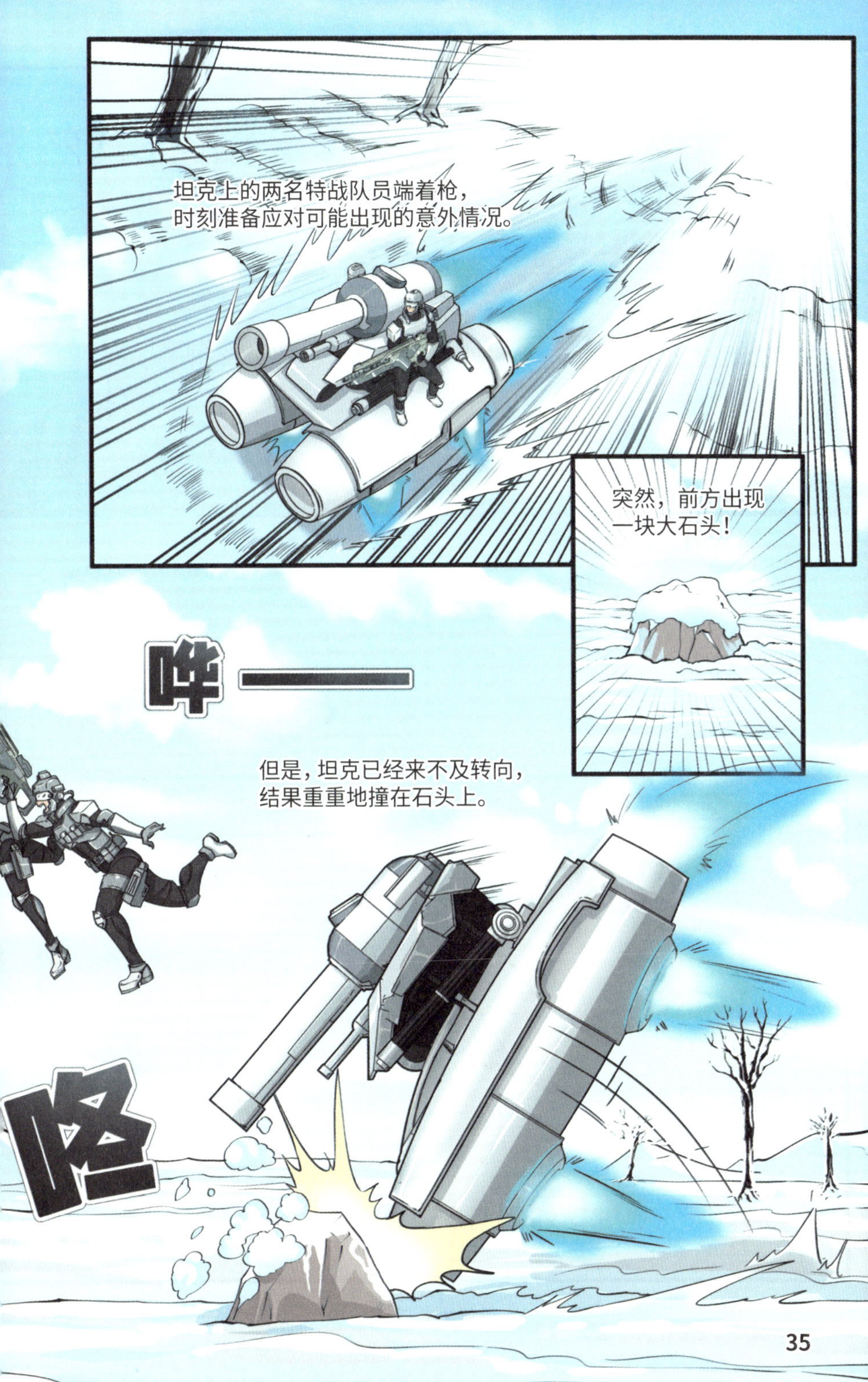

坦克上的两名特战队员端着枪，
时刻准备应对可能出现的意外情况。
突然，前方出现
一块大石头！
哔——
但是，坦克已经来不及转向，
结果重重地撞在石头上。
咚

为了解释这个问题，我们先来做个实验：

找一个斜面，把小车放在上面往下滑，看小车能滑多远。

我们让小车滑两次，每次小车的释放高度都一样：

第一次小车的水平跑道比较**粗糙**，

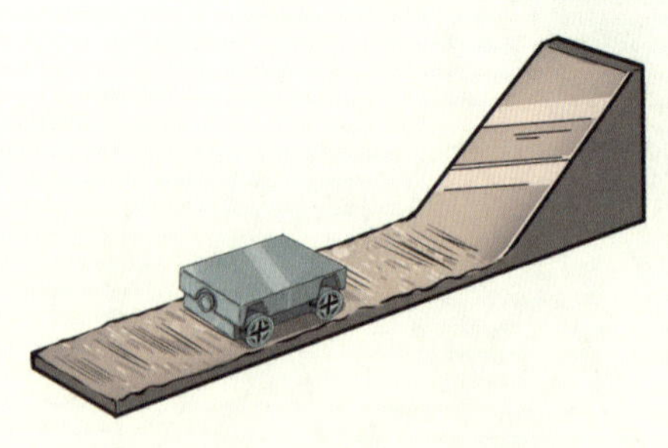

第一次小车滑的距离较**近**，

第二次小车的水平跑道比较**光滑**；

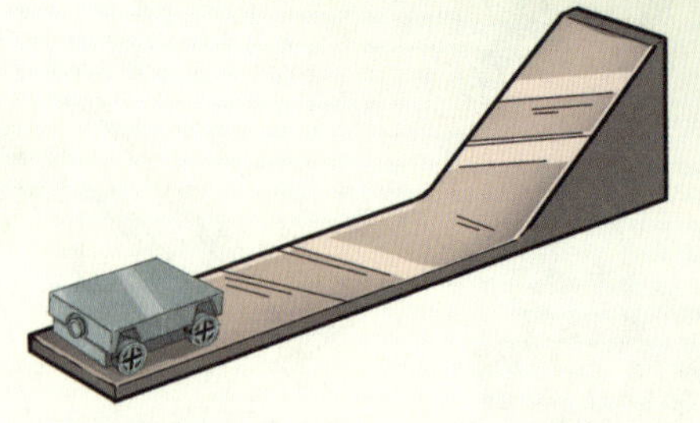

第二次小车滑的距离较**远**。

粗糙跑道阻力大，小车**滑得近**；光滑跑道阻力小，小车**滑得远**。

以说，越是光滑的跑道，
力就越小，小车运动受到的影响就小。
们再大胆假设一下：
果阻力为零，小车运动是不是就不受影响？
车是不是就可以永远地运动下去？
年伽利略也是这么想的。他说：
如果物体受到的阻力为零，速度就不会减小，物体将以恒定不变的速度永远运动下去。
顿又在前人研究的基础上，
结了一条规律：
一切物体在没有受到力的作用时，总保持静止状态或匀速直线运动状态。
这就是**牛顿第一定律**，
而物体保持原来运动状态
不变的性质叫作**惯性**。

现在，我们来分析一下，在坦克撞石头之前：

V

坦克是运动的，
速度是 **v**。

V

特战队员是运动的，
其速度和坦克的一样，也是 **v**。

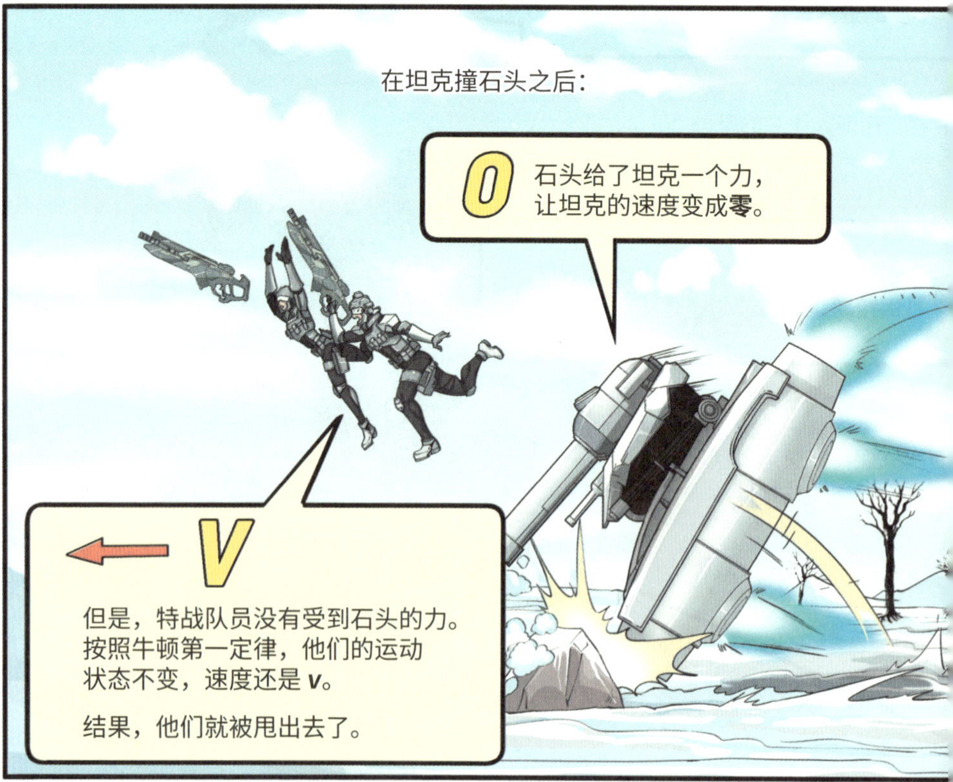

在坦克撞石头之后：

0

石头给了坦克一个力，
让坦克的速度变成零。

V

但是，特战队员没有受到石头的力。
按照牛顿第一定律，他们的运动
状态不变，速度还是 **v**。

结果，他们就被甩出去了。

他们驾驶坦克全速前进，撞开大门就跑。

砰!!

作用在同一个物体上的两个力，

如果大小相等，方向相反，

并且作用在同一条直线上，这两个力就彼此平衡。

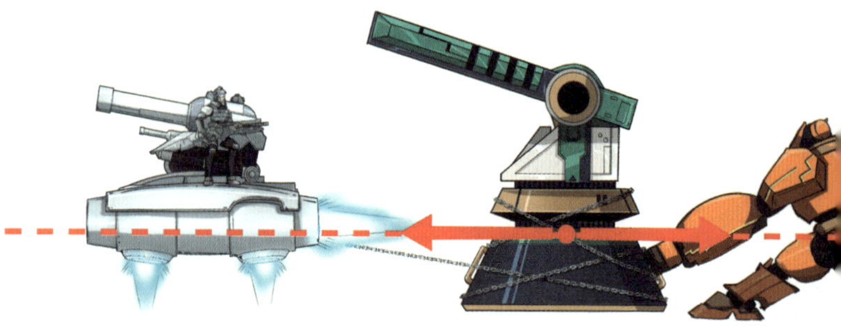

特战小队玩命地踩油门，外星机甲也使出吃奶的劲儿往后拉。
结果他们就这么僵持住了，粒子炮就**静止**在中间。

这里我们就要介绍一下**力的平衡**：

物体受到几个力的作用，如果这时候物体仍保持静止或者匀速直线运动，那么这几个力相互平衡。

二力平衡的情况比较简单，看看左边的图你就明白了。

像特战小队和外星机甲争夺粒子炮的状态，就是二力平衡。

情急之下，特战小队掏出火箭筒，
炸碎了外星机甲的胳膊，打破了力的平衡。

特战小队终于逃脱，但是外星人会善罢甘休吗？
下节我们接着讲。

1 运动和力的关系

一切物体在没有受到力的作用时，总保持静止状态或匀速直线运动状态，这就是牛顿第一定律。

2 二力平衡

物体受到两个力的作用时，如果仍保持静止状态或匀速直线运动状态，那么这两个力彼此平衡。

拓展阅读

惯性的应用

1

根据牛顿第一定律，一切物体都有保持原有的静止状态或者匀速直线运动状态不变的性质，这个性质叫惯性。

车辆突然停止，人的身体会前倾，这就是惯性。

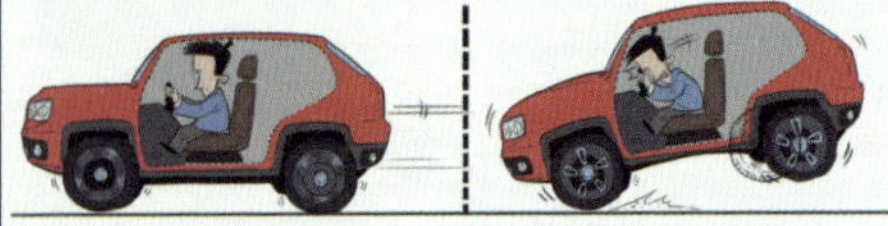

2

惯性有好处也有坏处。先说坏处，就拿前面提到的突然停车来说，乘客的身体猛地前倾，很容易被撞伤。当然，这也有解决的办法，就是平时系好安全带。遇到撞车这类事故，汽车会自动弹出安全气囊。

3

在军事战斗中，人们也会想办法减小惯性的影响。例如：战斗机在战斗前要丢掉副油箱。这是为什么呢?

4

其实，这跟一个规律有关：质量越大，惯性越大。战斗机丢了副油箱，惯性小了，做各种战斗动作会更加灵活。

5

当然，惯性在生活中也有很多好处。例如：我们拍打衣物的时候，衣物突然运动，衣物上的灰尘因为惯性保持静止，二者分离，这样灰尘就被“拍”出来了。

6

有一些体育运动也会利用惯性。例如：跳远比赛里，运动员会快速助跑，然后飞身一跃。因为身体具有惯性，能以很快的速度在空中继续前进，所以会跳得很远。

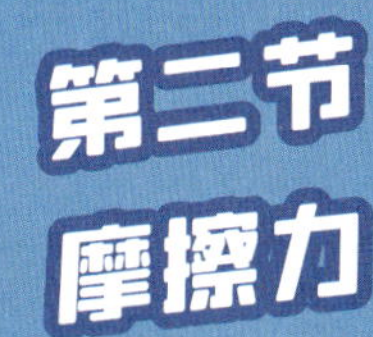

第二节 摩擦力

突然，一个外星机甲跳起来，直接跳到粒子炮上，坦克的整体速度又下降一大截。

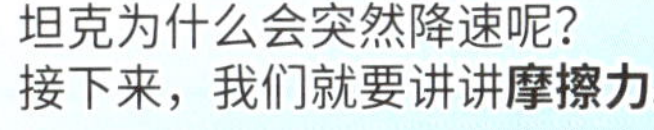

坦克为什么会突然降速呢？
接下来，我们就要讲讲**摩擦力**。

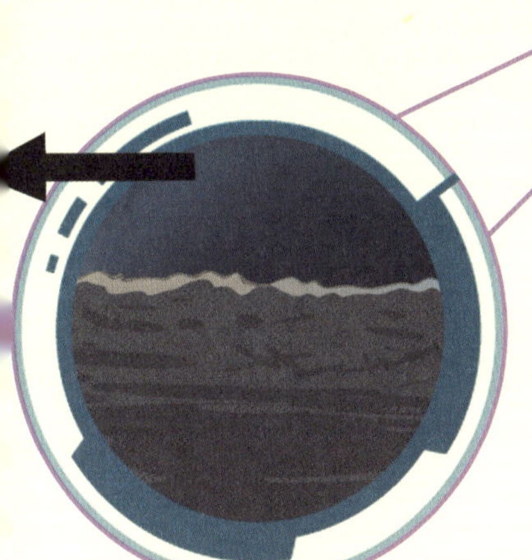

摩擦力有很多种。
今天我们说说**滑动摩擦力**。

粒子炮和地面的接触面看起来很光滑，但实际上很**粗糙**。粒子炮相对于地面是运动的，地面会对粒子炮产生阻碍，这种阻碍相对运动的力就叫**滑动摩擦力**。

接触面越粗糙，滑动摩擦力就越大。

滑动摩擦力还有一个影响因素，就是**压力**。

外星机甲跳上粒子炮，对于接触面来说，压力就变大了，

压力越大，滑动摩擦力就越大。

这里要给大家补充一点，
在现在所给的例子中，摩擦力看起来是有害的，
但实际上，摩擦力在我们生活中经常是不可缺少的。
没有它，我们连简单的行走也做不到。

例如：这个士兵走路的时候，
左脚就会受到一个向前的摩擦力，
这样他才能不打滑，继续行进。

我们要做的是尽量减小有害摩擦，
增大有益摩擦。

好了，我们讲完了摩擦力，
那么特战队员该怎么做呢？

①

举起火箭筒，将外星机甲轰下粒子炮。

这样**压力变小了，摩擦力也就变小了**。

②

戴上特制的手套，
为下一步行动做准备。

这个手套上加了不少防滑垫，
表面很粗糙，
是利用**增大接触面的粗糙程度**
来增大摩擦。

然后，特战队员跳到粒子炮上，
增大摩擦的防滑手套可以帮助抓牢粒子炮上的把手。

3

特战队员开始在
粒子炮上安装一种设备。

这种设备就是气垫装置，
能够在粒子炮和地面之间
形成一层气垫。

这种气垫直接将粒子炮
和地面的接触面分离，
可以大大减小摩擦。

经过这几步操作后，特战小队跑得飞快，追兵被甩开很远。
这场战斗胜利的天平已经开始向人类倾斜。
看看，关键时候，懂点儿物理知识还是很有用的。

小 结

SUMMARY

1 滑动摩擦力

两个相互接触的物体发生相对滑动时，会在接触面上产生一种阻碍相对运动的力，这种力叫作滑动摩擦力。

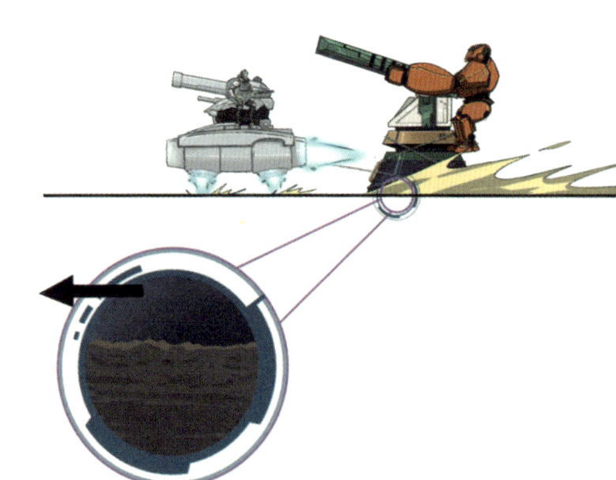

2 影响滑动摩擦力大小的因素

滑动摩擦力的大小与物体间的压力和接触面的粗糙程度有关。

第九章 通过一个小故事看懂压强

通过一个小故事看懂压强

第一节 压强

在宇宙深处，有一颗储存着
大量珍贵矿产的类地行星。
人类在这个行星上修建了
一个巨大的采矿基地。

这天，一支勘探小队从基地出发，
来到很远的一片荒滩进行矿产勘探。

经过长时间艰苦作业，
他们发现一个大金矿。

没想到，在 400 N 的作用力下，矿石竟然毫发无损。

小贴士

用 400 N 的力敲击矿石，矿石毫发无损，说明力太小。

这回，矿石裂开了几条缝，可还是不够碎。

小贴士

理论上，如果勘探队员继续增大力量，就可以把矿石敲碎。可是，现在机械手臂力量已经达到最大。

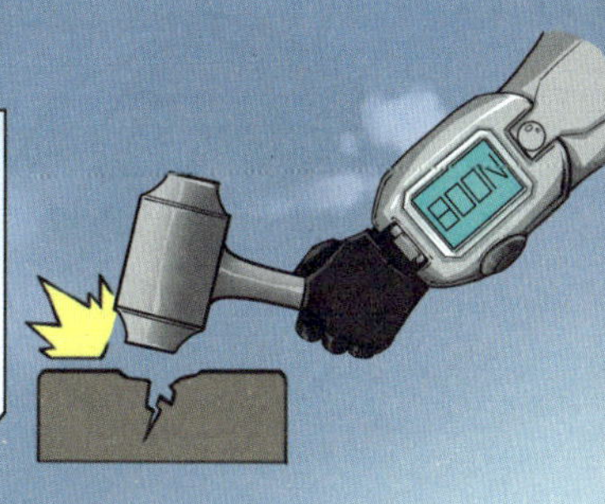

还有没有其他方法呢?

第三回，勘探队员决定改用尖头锤。

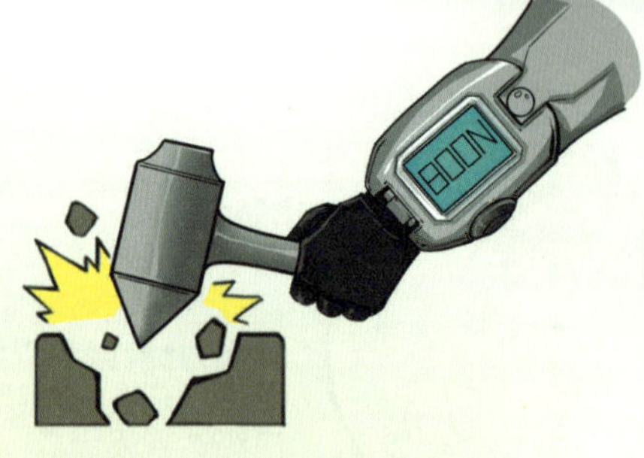

压力作用在物体上，可以使物体发生形变，
这就是**压力的作用效果**。
例如：这里发生的“形变”就是矿石被敲碎了。

还是拿敲击矿石举例子，我们看看压力作用效果的变化规律。

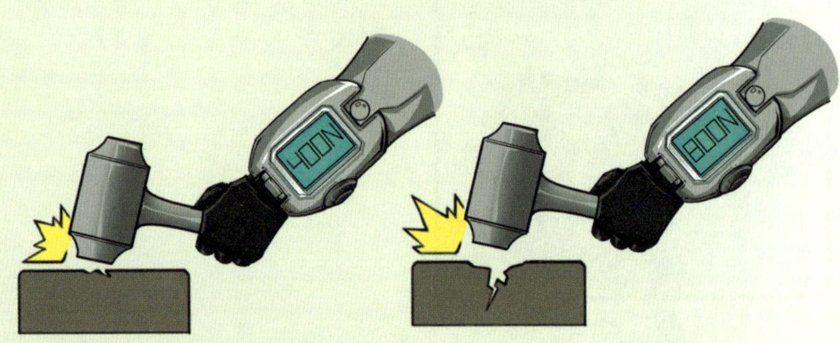

受力面积一样，压力越大，作用效果越明显。

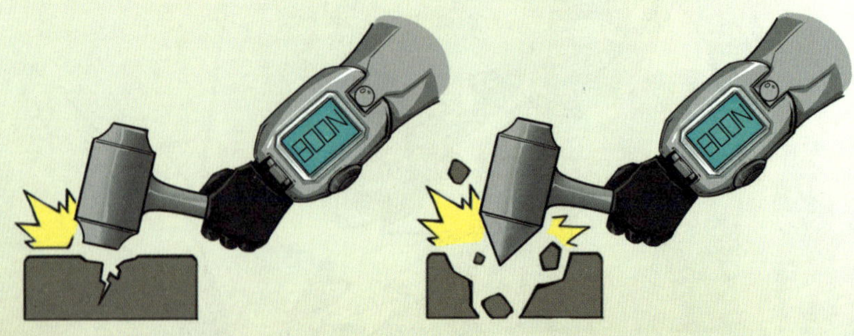

压力大小一样，受力面积越小，作用效果越明显。

所以，决定压力作用效果的有两个因素：

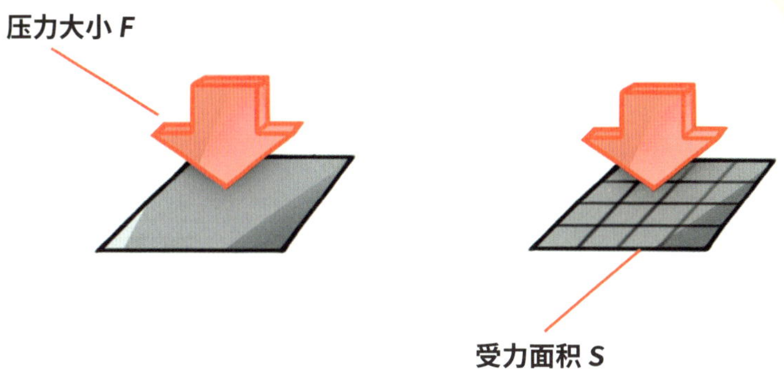

用压力大小和受力面积的比值可以表示压力的作用效果。

这个比值，我们把它叫作**压强**，用字母 ***p*** 表示。

从数值上说，压强等于物体在单位面积上所受的压力。

压强的单位是牛每平方米，
这个单位有个专有名称——

帕斯卡，简称帕，符号是 Pa。

1 Pa 的压强，就是 1N 的力作用在 $1m^2$ 的面积上产生的效果。

一张报纸折叠后平放到桌面上，对桌面的压强大约就是 1 Pa。

有了这个公式，我们可以算一下，每一锤下去，压强究竟相差多大。

开始的时候，锤子施加的压力 $F = 400\ N$，

圆头锤的锤头面积 $S = 4\ cm^2 = 0.000\ 4\ m^2$。

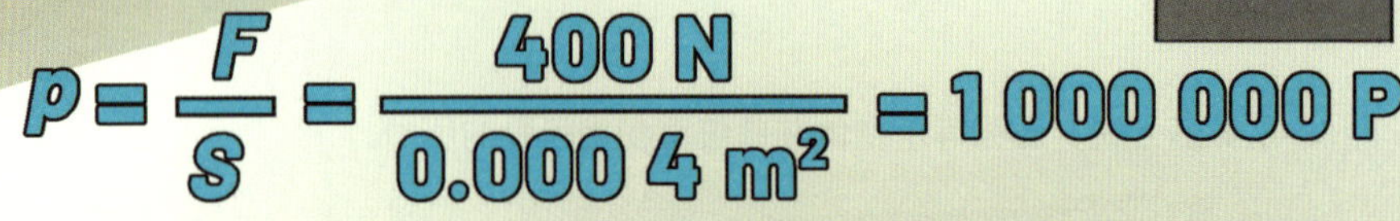

$$p = \frac{F}{S} = \frac{400\ N}{0.000\ 4\ m^2} = 1\ 000\ 000\ Pa$$

后来压力增大到 800 N，

受力面积 $S = 4\ cm^2 = 0.000\ 4\ m^2$。

$$p = \frac{F}{S} = \frac{800\ N}{0.000\ 4\ m^2}$$

$$= 2\ 000\ 000\ Pa$$

最后换成尖头锤。

尖头锤的锤头面积 $S = 0.04\ cm^2 = 0.000\ 004\ m^2$，

压力 F=800 N 。

$$p = \frac{F}{S} = \frac{800\ N}{0.000\ 004\ m^2}$$

$$= 200\ 000\ 000\ Pa$$

靠着尖头锤对矿石产生的巨大压强，勘探队员敲碎了矿石，拿到了样本，最终圆满完成任务。

1 压强

物体所受的压力大小与受力面积的比值叫作压强。

压强在数值上和物体单位面积所受的压力相等。

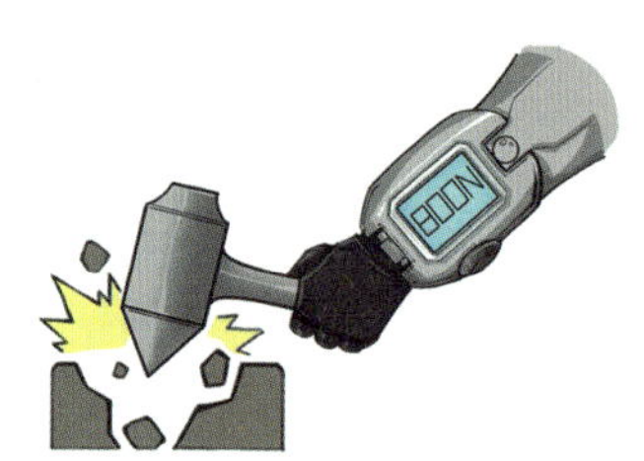

2 影响压强大小的因素

受力面积相同时，压力越大，压强越大。

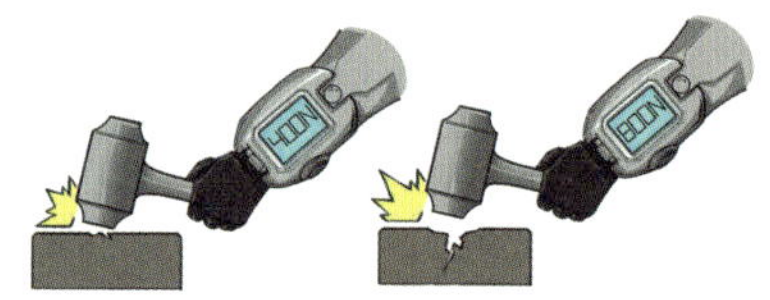

压力相同时，受力面积越小，压强越大。

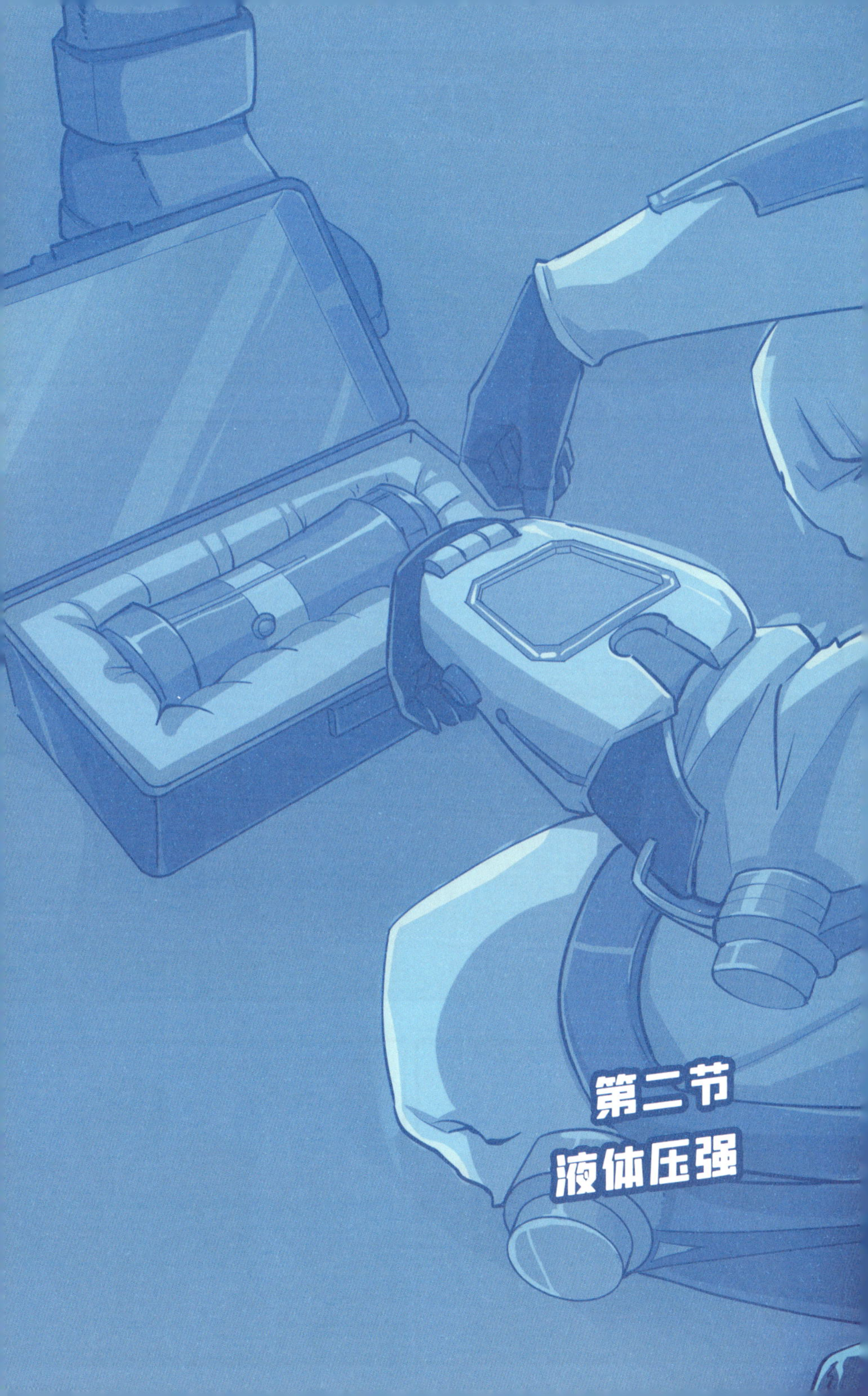

第二节 液体压强

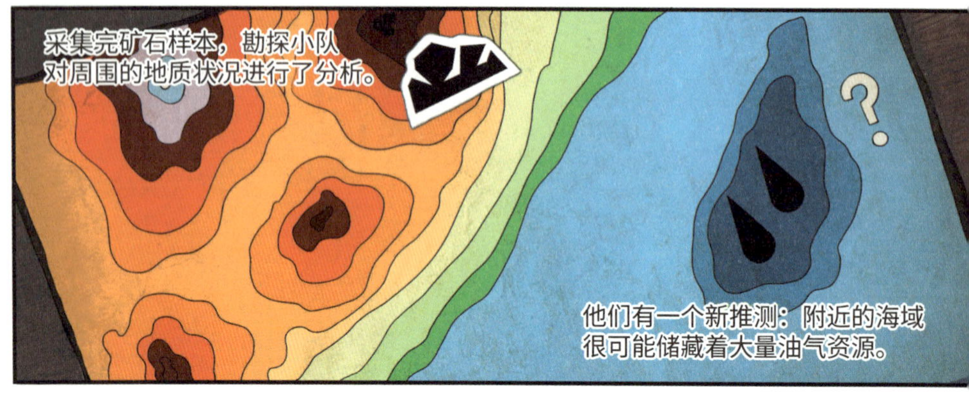

为此，他们坐船来到这片海域，
进行水下勘探作业。

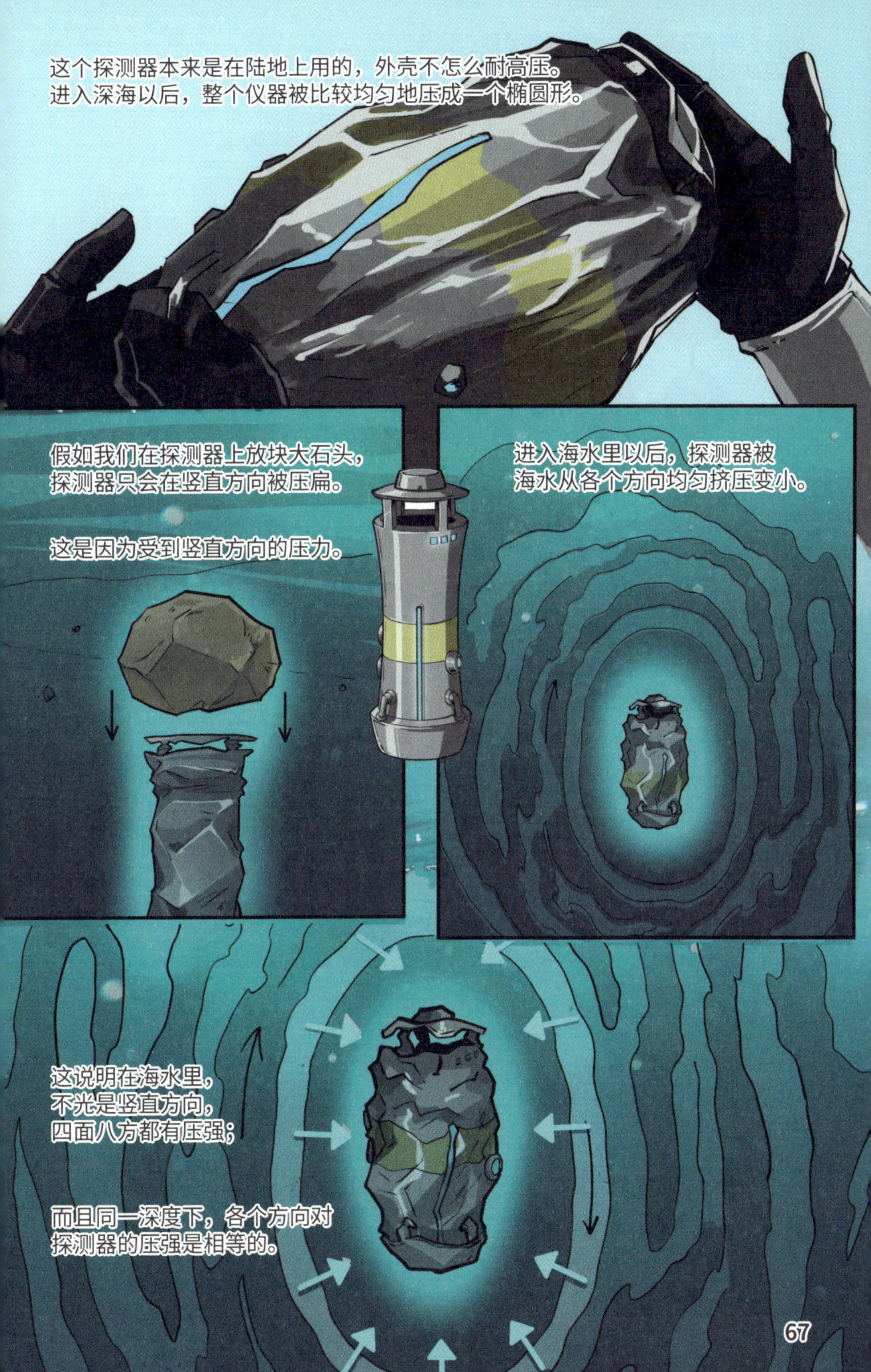
这个探测器本来是在陆地上用的，外壳不怎么耐高压。
进入深海以后，整个仪器被比较均匀地压成一个椭圆形。
假如我们在探测器上放块大石头，
探测器只会在竖直方向被压扁。
这是因为受到竖直方向的压力。
进入海水里以后，探测器被
海水从各个方向均匀挤压变小。
这说明在海水里，
不光是竖直方向，
四面八方都有压强；
而且同一深度下，各个方向对
探测器的压强是相等的。

为什么液体压强和固体压强的差别这么大？
这要从它们的结构讲起：

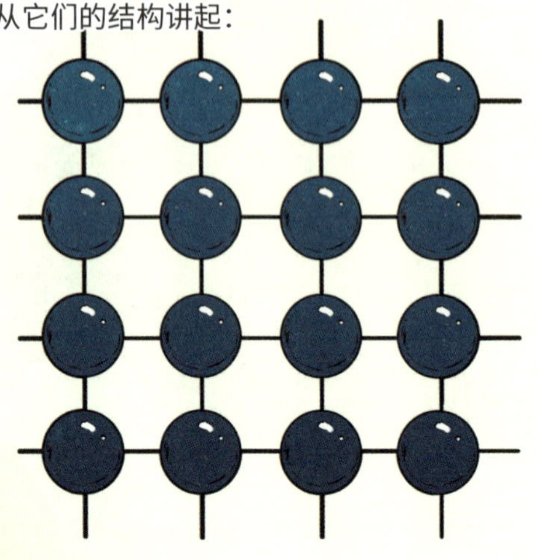

在固体里，分子或原子位置比较固定，
不会四处乱跑，
也不怎么自由。

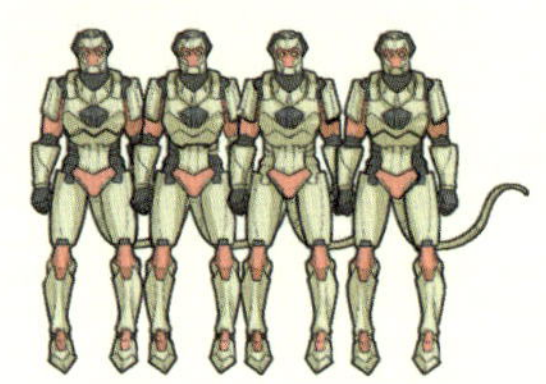

所以，固体内部没有压强，其他物体只会受到固体作为一个整体产生的压强。
例如：被大石头压着，物体就会感受到石头的压强。

液体里的分子或原子比较自由，
互相之间不停地碰撞，
这些碰撞让液体内部有了压强。

这种碰撞是朝着四面八方的，而且各个方向的碰撞概率差不多，
所以**液体中的同一深度，向各个方向都有压强，且压强相等**。

好在勘探小队还有备用的
探测仪器，可以再来一次。
不过，为了防止仪器再次被压扁，
勘探小队要搞清楚海底的压强究竟有多大，
再找出相应的对策。
1200
他们先查阅地质资料，
得知这片海域的最大深度是 1 200 米。

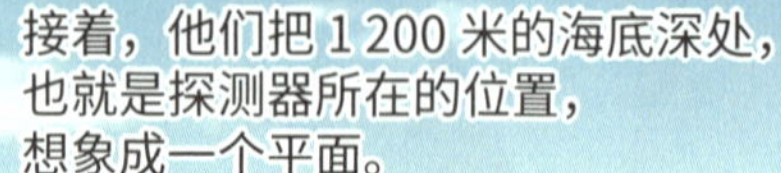

接着，他们把 1 200 米的海底深处，
也就是探测器所在的位置，
想象成一个平面。

这个平面受到的压力其实就是平面以上
这段高度为 1 200 米的液体的重力。

h =1 200 m

S

这段液体的重力该怎么算呢？

我们先算这段液体的体积：

$$V=Sh$$

再算这段液体的质量：

$$m=\rho_{液}V$$

$$=\rho_{液}Sh$$

最后算这段液体的重力：

$$G=mg$$

$$=\rho_{液}Shg$$

这个重力也是探测器在 1 200 米受到的压力。
用压力除以作用面积，就可以算出探测器受到的压强：

$$p=\frac{F}{S}=\frac{\rho_{液}\cancel{S}hg}{\cancel{S}}=\rho_{液}gh$$

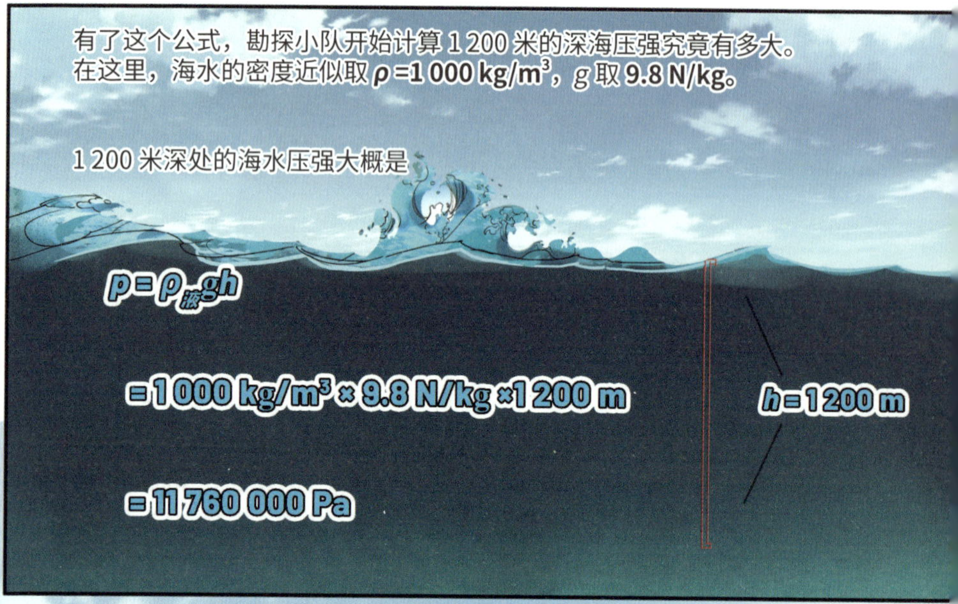

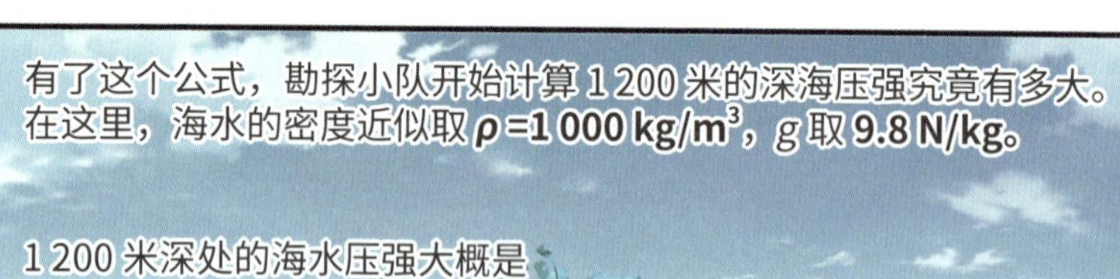

有了这个公式，勘探小队开始计算 1 200 米的深海压强究竟有多大。在这里，海水的密度近似取 ρ =1 000 kg/m³，g 取 9.8 N/kg。

1 200 米深处的海水压强大概是

$$p=\rho_{液}gh$$

$$=1\,000\ \text{kg/m}^3\times9.8\ \text{N/kg}\times1\,200\ \text{m}$$

$$=11\,760\,000\ \text{Pa}$$

h=1 200 m

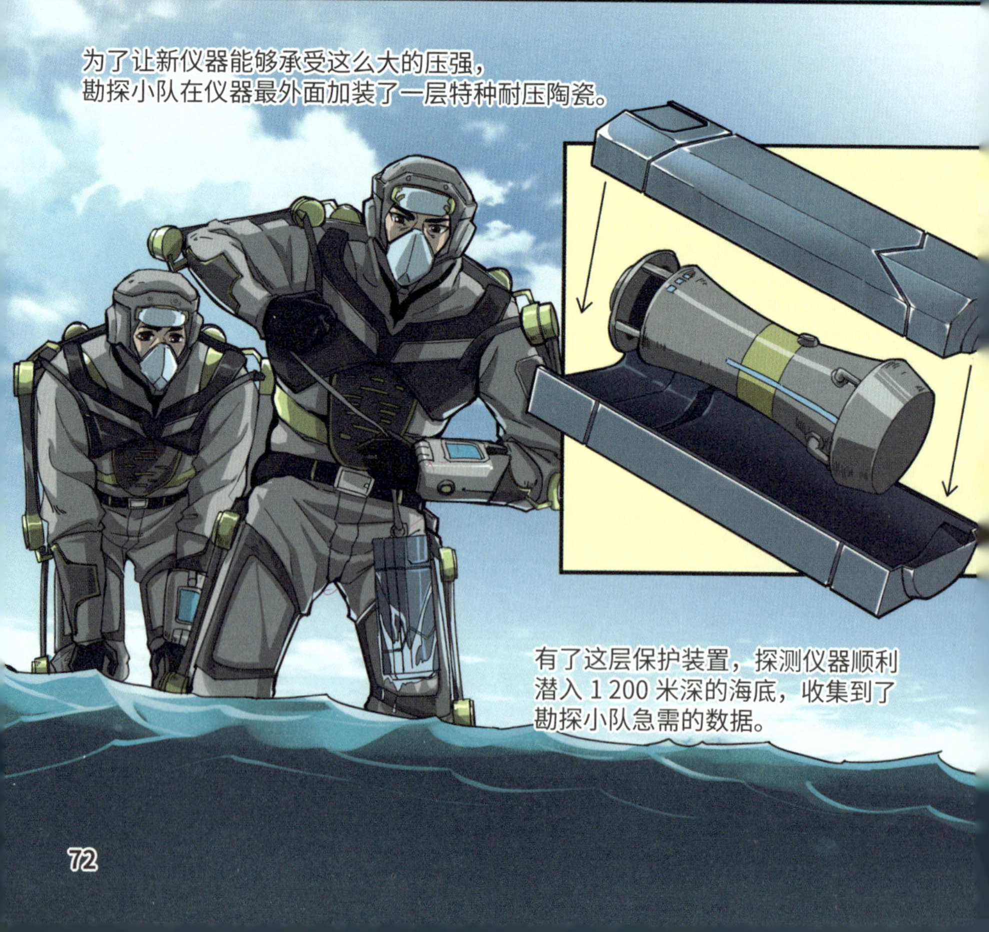

为了让新仪器能够承受这么大的压强，勘探小队在仪器最外面加装了一层特种耐压陶瓷。

有了这层保护装置，探测仪器顺利潜入 1 200 米深的海底，收集到了勘探小队急需的数据。

小　结

SUMMARY

1 液体压强的特点

在液体中的同一深度，向各个方向都有压强，且压强相等。

2 液体压强的计算

液体密度为 ρ，液体内部深度为 h，在这个深度下，液体向各个方向的压强 p 可以用公式计算出来:

$$p=\rho_{液}gh$$

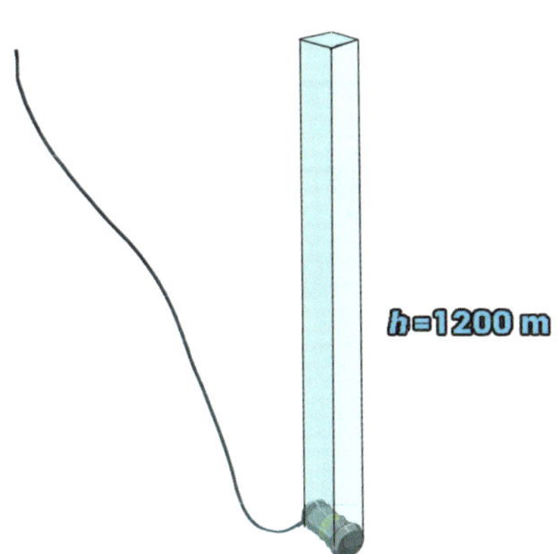

拓展阅读

深海探测器的历史

1

学完这一章，我们知道了液体内部是有压强的，而且越深的地方压强越大。在海洋深处，压强大得吓人。究竟有多大呢？

举个例子，美国的“长尾鲨号”核潜艇，设计的极限深度是400米。1963年，该潜艇出了事故，沉到2 600米的海底，整个潜艇直接被压成碎片。

2

虽然海洋深处这么危险，但是这并没有阻挡人类探索的脚步。20世纪中期，有个叫皮卡德的瑞士人特别喜欢深海探测，而且一遍遍刷新着自己的探测记录。

1953年：3 150米

1958年：5 600米

1959年：7 315米

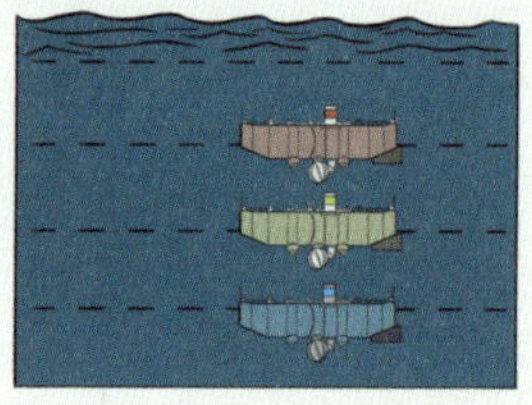

3

在海洋深处有个传奇的地方，叫马里亚纳海沟。这个海沟据说有11 000多米深，是地球上最深的地方。

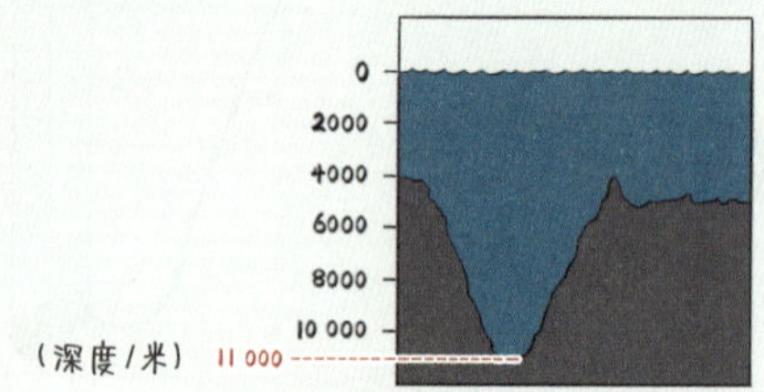

要想往更深的地方走，就得来马里亚纳海沟。

4

第一个潜入马里亚纳海沟的还是皮卡德。1960 年，皮卡德和一个美国海军军官驾驶着深海探测器，一直下潜到马里亚纳海沟 10 911 米深的地方。

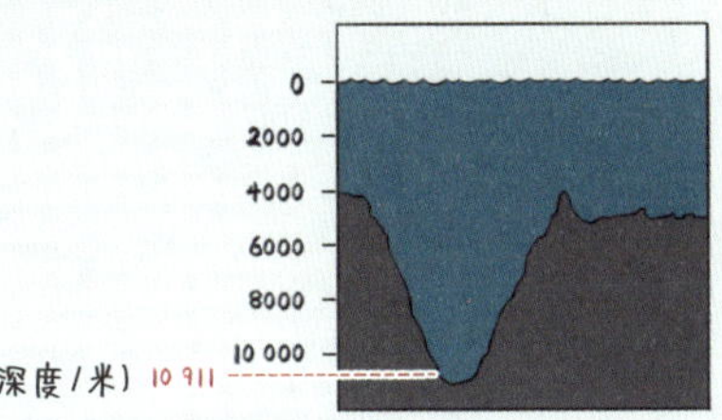

不过也有人指出，因为当时测量技术落后，误差比较大，所以实际下潜深度大概是 10 897 米。

5

与此同时，人类发明了无人深海探测器。1995 年，日本“海沟号”无人深海探测器跑到马里亚纳海沟 10 911 米深的地方，还进行了一系列科学观测。

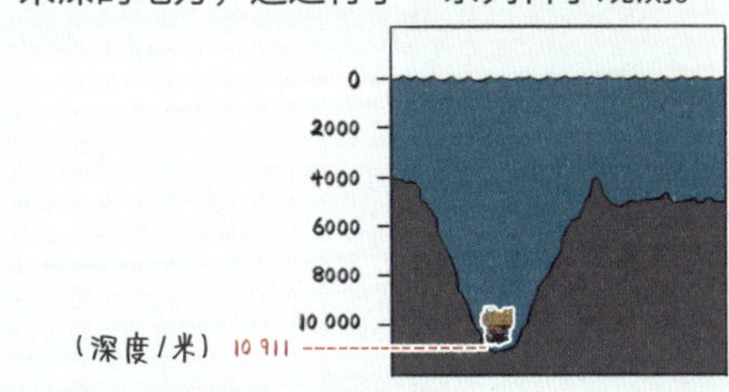

6

在深海探测这方面，中国也不甘落后。2020 年 4 月，中国科学院主持研制的“海斗一号”无人潜水器在马里亚纳海沟下潜，最大深度达到 10 907 米。

第三节

大气压强

新的探测数据里有一个更大的惊喜：
这片海域的实际油气储量
比预想的要多好几十倍。
这需要更大规模的二次勘探。
为此，采矿基地派了一个支援小队，
乘坐飞机赶往海边。
没想到飞到半路，发动机坏了，
飞机迫降到海拔 4 000 多米的雪山上，
所幸没有人员伤亡。
队员们很快发现，
山顶上不仅冷，
而且他们呼吸时特别难受。

支援小队遇到的这些困难主要跟**气体压强**有关系。

我们先了解一下究竟什么是气体压强。

前面讲过，液体分子的无规则碰撞产生了液体内部的压强。

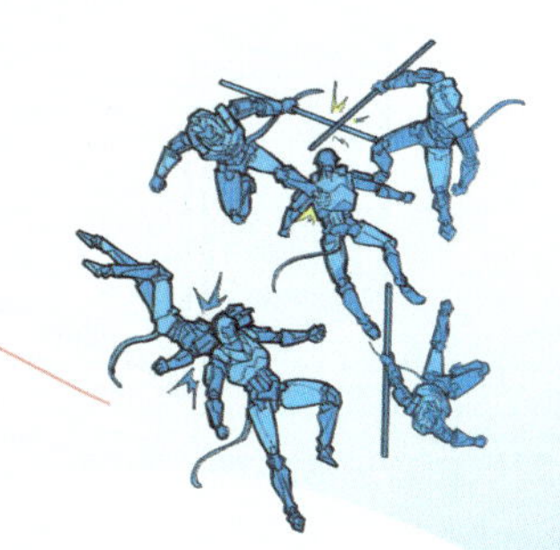

气体的微观结构和液体有些相似，只不过气体分子**更松散**，更无拘无束。气体分子的**无规则碰撞**使得气体内部也产生了压强。

就拿地球来说，地球周围的大气层就存在压强，我们称它为**大气压**。

有人用专门的装置测量过大气压，实验装置是这样的。

将封闭的试管和水银槽里都灌满水银。

靠着大气压强顶着，
玻璃管里的这段水银柱才没有落下来。
所以，这段水银柱的压强其实就是**大气压**。

760 mm

经过计算，这段水银柱的压强为 **101 300 Pa**。

严格来说，这个数值是在地球上温度为0 ℃、纬度为45°的海平面上的气压值，我们称它为**标准大气压**，用p_0来表示。

勘探小队所在的这个星球，大气环境和地球基本一样，
其大气压的变化规律也和地球基本一样。

大气分子靠着地心引力的吸引
聚集在星球四周。大气层越靠外面，
大气分子越稀少。

所以，**海拔越高，大气分子越稀少，**
互相碰撞的概率大大降低，
大气压强也就越低。

在海拔 4 000 米的地方，
大气压大约只有平时的一半，
空气中参与呼吸作用的
氧气分子也比平常少了不少。

所以大家都觉得
空气稀薄，呼吸不畅。

大气压太低，除了影响呼吸，还会导致其他问题。

这是怎么回事？

煮面的时候，大家都是在锅里的水沸腾以后，才把面下到锅里。
这个时候水的温度达到最高，也就是**沸点**。

标准大气压下，
水的沸点是 100 ℃。

这个温度煮面刚刚好。
面条很容易煮熟，
筷子一夹就断。

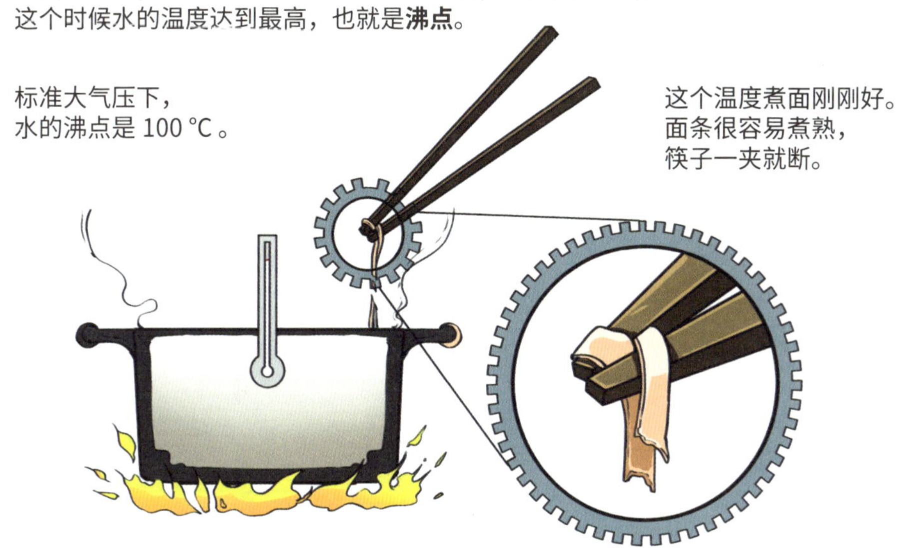

到了海拔 4 000 米的雪山上，
水的沸点只有 86 ℃，也就是说，
水温升到 86 ℃后就不再升高了。

在这个温度下煮面条，
根本煮不熟。面条夹生
就会很硬，筷子夹不断。

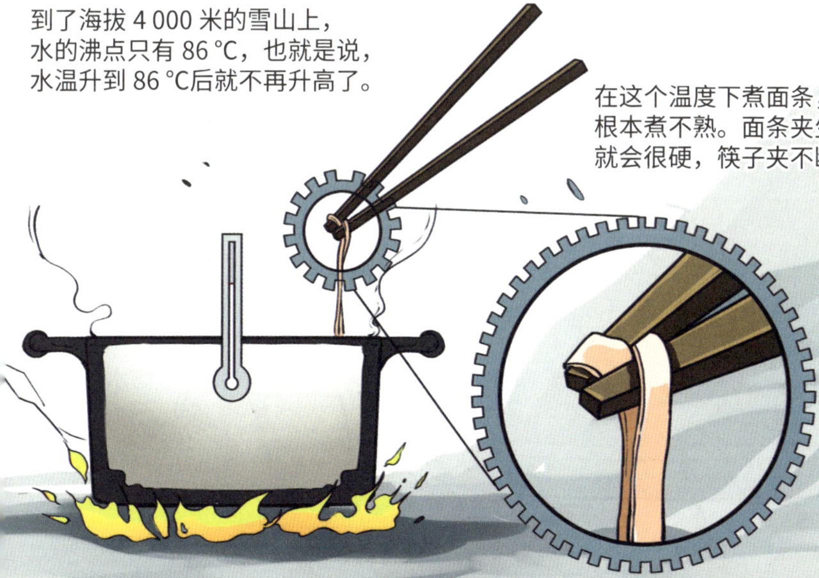

要想搞清楚沸点为什么降低，
我们得讲一下**沸腾**这个现象。
我们前面说过，沸腾是一种
剧烈的**汽化现象**。
从微观的角度来分析，
水沸腾的时候，里面有不同状态的分子，
我们分别用不同的形象来表示。
空气分子
气态水分子（水蒸气）
吸收一定的能量
液态水分子

在通常情况下，一壶水从常温到沸腾，过程是这样的：

常温时，会有**极少数液态水分子**跑到空气中，变成水蒸气。

把水加热以后，越来越多的水分子吸收到足够的能量。这些水分子**撞开外面的空气分子**，变成水蒸气。

加热到一定温度后，绝大多数水分子吸收了**足够的能量**。这些水分子忙着往外跑，变成水蒸气，这时候水就沸腾了。

沸腾的时候，大多数水分子开始携带着能量往外跑，水的温度也就不再升高。

这个保持不变的最高温度，我们称它为**沸点**。

标准大气压下，水的沸点是 **100 ℃**。

在海拔 4 000 米的地方，水沸腾的过程也是这三步，只不过稍微有点儿不一样：

在海拔 4 000 米的地方，
大气压约为标准大气压的一半，
空气分子比较稀疏，
再加上海拔高、温度低，
空气分子的能量也小。

水分子要想撞开空气分子
变成水蒸气，只需要吸收
很少的能量就可以了。

就算是沸腾的时候，
大部分水分子吸收的能量
也比平时需要的能量少很多。

需要的能量少，加热的温度就
沸点也就比平时低。

所以，在海拔 4 000 米的地方，
刚加热到 86 °C，水就沸腾了。

也就是说，
随着大气压降低，
水的沸点也会降低。

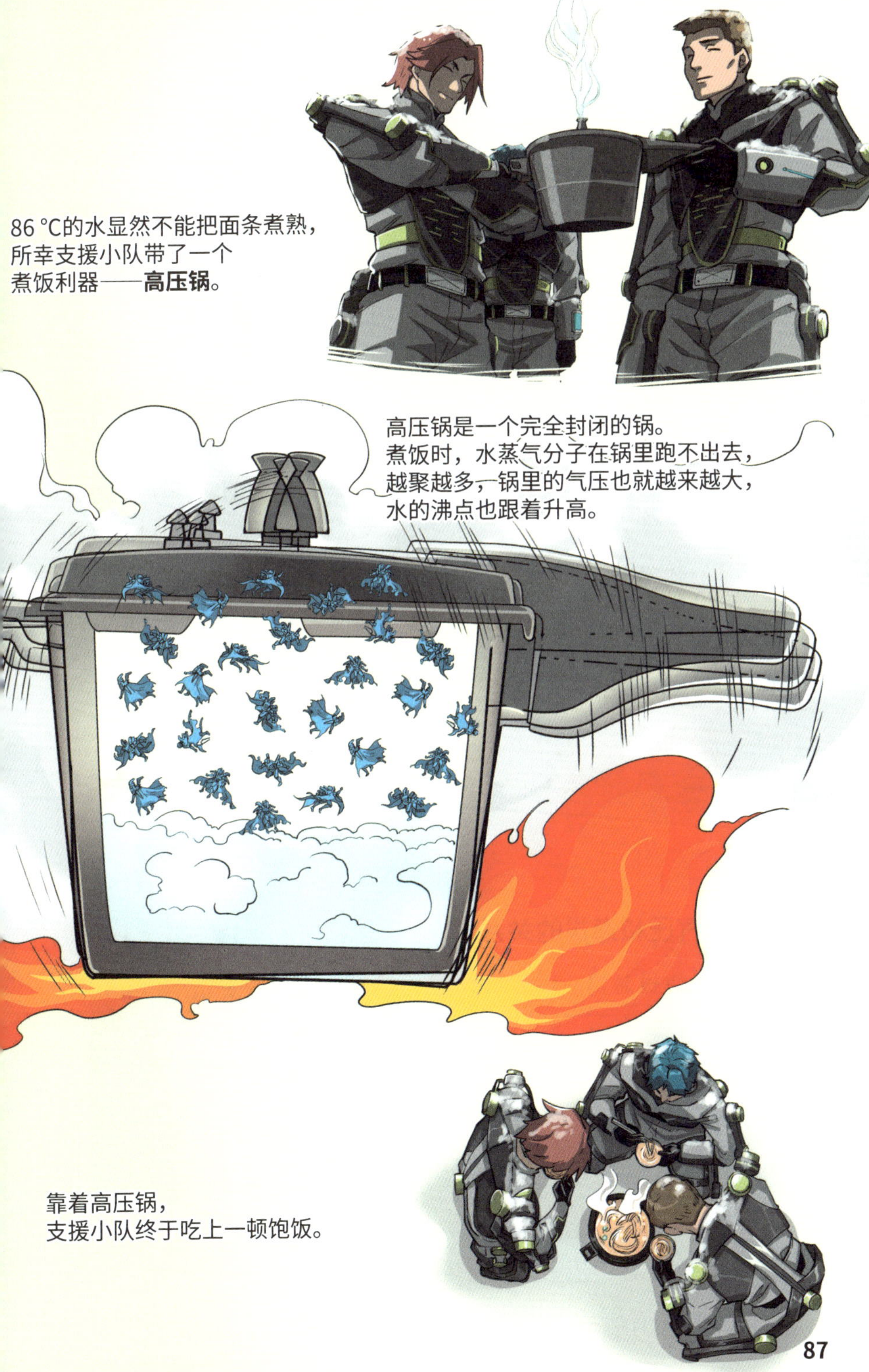
86 °C的水显然不能把面条煮熟，
所幸支援小队带了一个
煮饭利器——**高压锅**。
高压锅是一个完全封闭的锅。
煮饭时，水蒸气分子在锅里跑不出去，
越聚越多，锅里的气压也就越来越大，
水的沸点也跟着升高。
靠着高压锅，
支援小队终于吃上一顿饱饭。

小结

SUMMARY

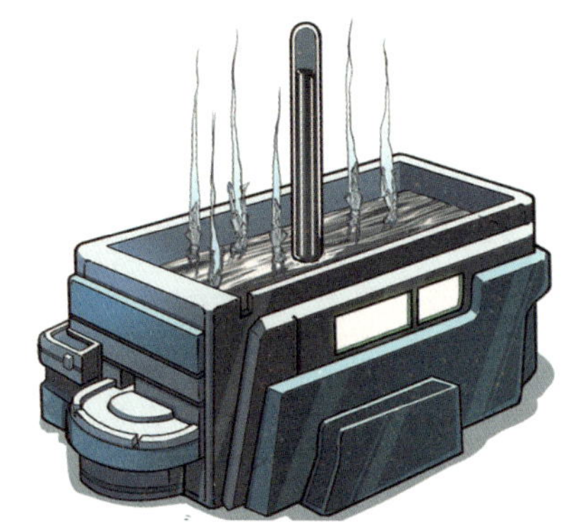

1 大气压

气体本身也有质量，所以物体在单位面积上也会受到大气的压力，这种大气产生的压强叫大气压强。

标准大气压和 760 毫米高水银柱产生的压强大小相等，都是 1.013×10^5 Pa。

2 大气压和海拔的关系

海拔越高，大气压越低。

第四节

飞机怎么飞上天？

吃饱喝足以后，支援小队寻思着如何脱险。
眼下唯一的方法是派一个队员到山下寻求帮助。
下山路途艰险，光靠两条腿绝对没戏。
于是，他们计划用飞机上储存的一些材料
做一个滑翔伞，派人利用滑翔伞飞下山。
在做滑翔伞之前，
他们得搞清楚滑翔伞的原理。

用一个实验就能讲清楚滑翔伞的原理：

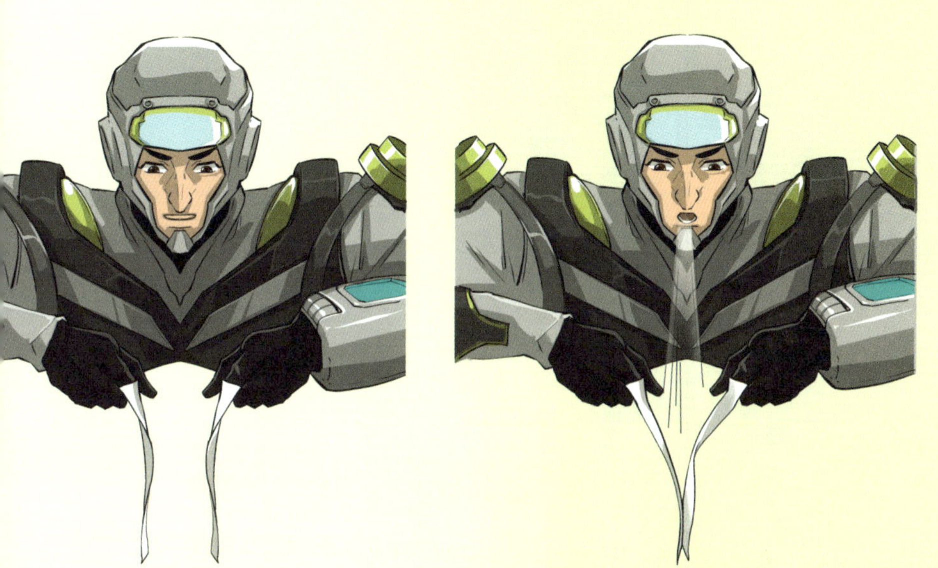

当我们对着两张纸之间吹气时，这两张纸会**靠拢在一起**。

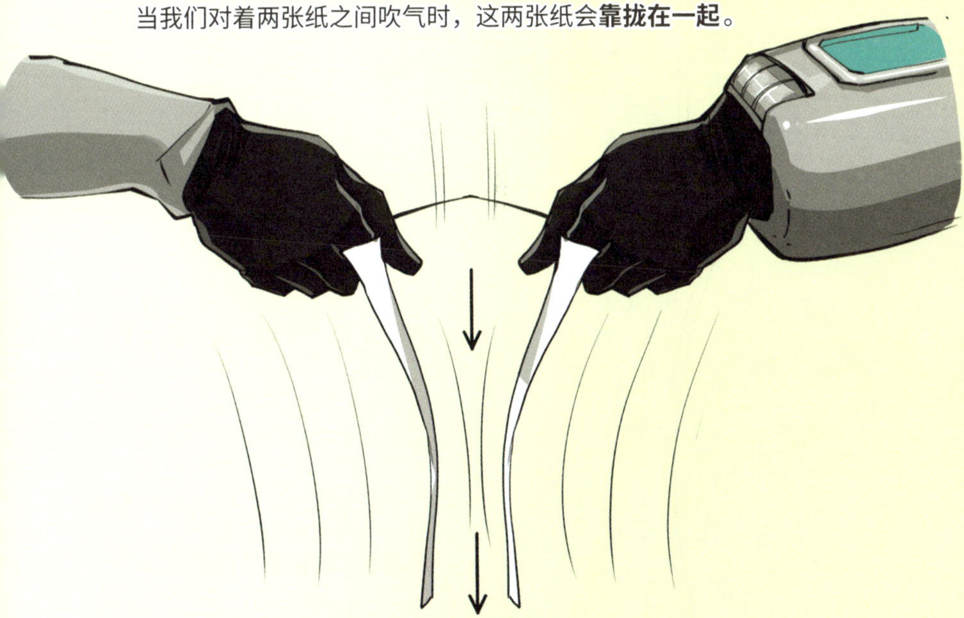

这是咋回事？

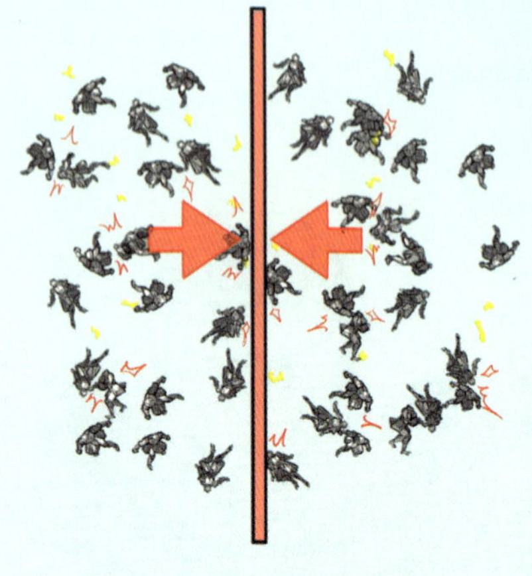

前面说过，空气的压强来自
大气分子的**无规则碰撞**。

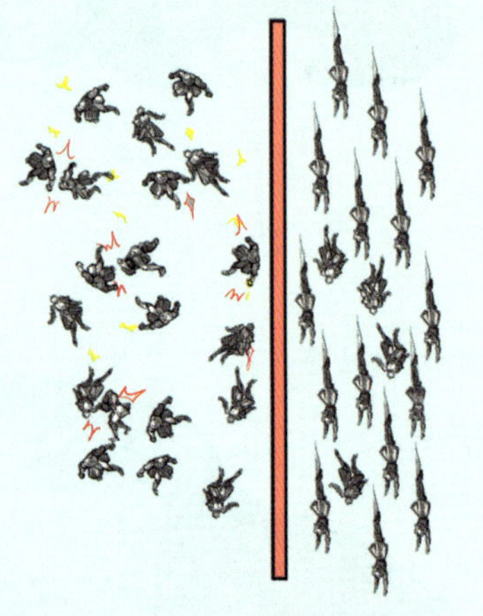

不过，当空气分子忙着
朝一个方向运动的时候，
分子之间的相互碰撞就没那么多了。

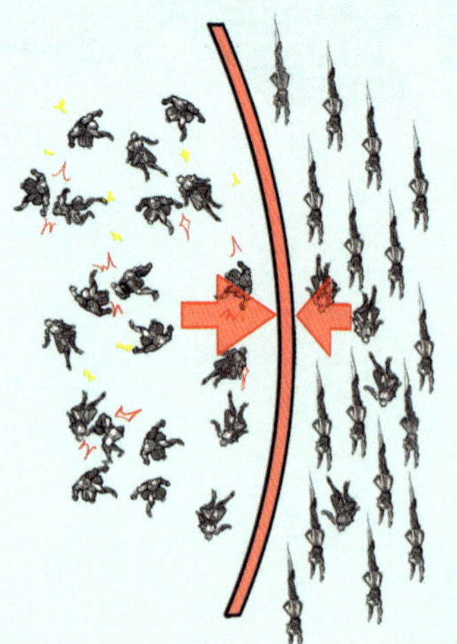

所以，当气体流动起来以后，
碰撞少了，气体压强也会变小。

对于液体来说，也有类似的规律。
所以，**在气体和液体中，**
流速越大的位置，压强越小。

这个规律就是滑翔伞的飞行原理：

滑翔伞伞翼的剖面是这个样子的：
上表面弯曲，下表面比较平。

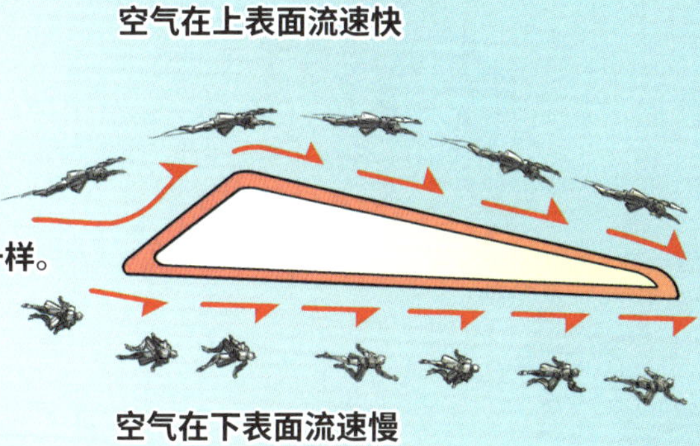

空气在上表面流速快

所以滑翔伞飞起来的时候，
伞翼**上下表面的空气流速不一样。**

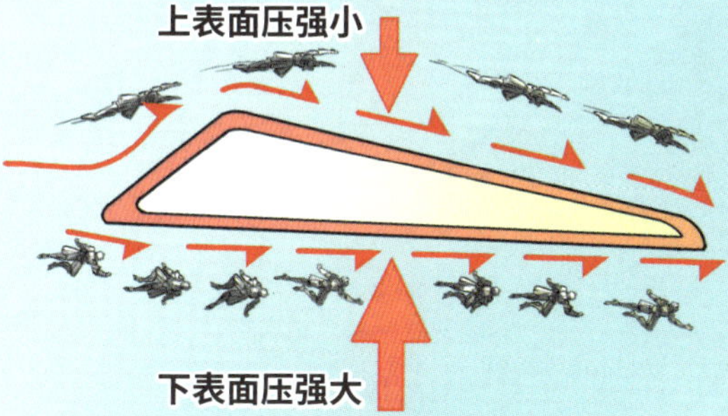

空气在下表面流速慢

上表面压强小

这导致了伞翼
上下表面的压强不一样。

下表面压强大

伞翼上下表面受到的压强差，可以轻松地把滑翔伞托起来。

往深了说，其实这和流体力学中的**伯努利方程**有关系。
我们将会在高中学习这个知识点。

搞清楚压强和流速的关系以后，支援小队做出了滑翔伞，成功和山下取得联络，迎来了救援。

整个小队终于转危为安。

小 结

SUMMARY

1 流体压强与流速的关系

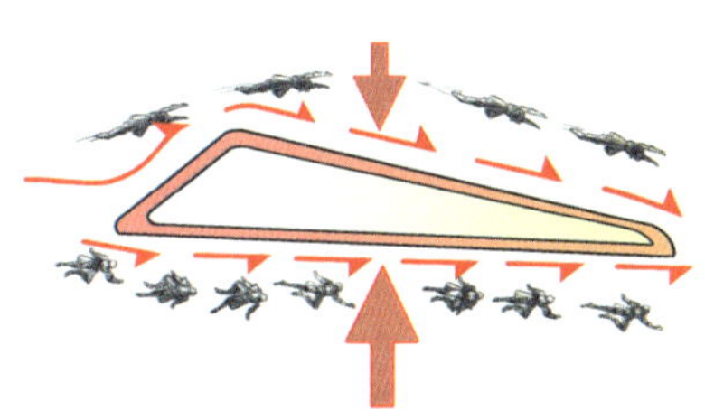

气体和液体都是流体，在物体与流体的接触面处，流速越大，压强越小；流速越小，压强越大。

2 流体压强与流速关系的应用

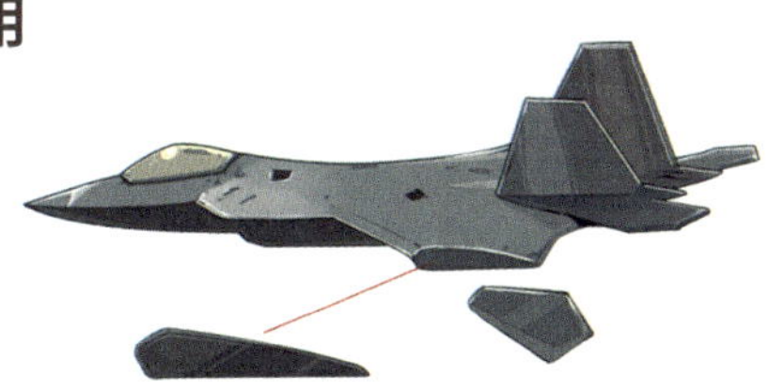

在飞机机翼和滑翔伞伞翼的设计中，人们都应用了流体压强与流速关系的原理。

拓展阅读

飞机的发明

1

人类一直都有在天空飞翔的梦想。为了能实现这个梦想，人类研制了不少飞行器，比如热气球和飞艇。

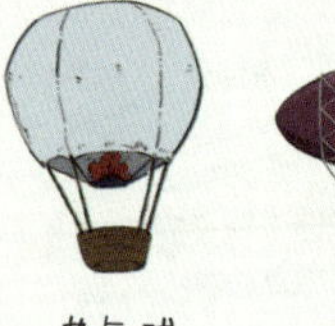

热气球

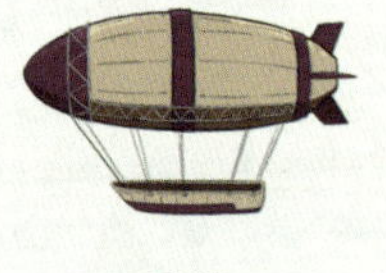

飞艇

2

这些东西能飞是能飞，但也有不小的缺点。就拿飞艇来说，因为它靠浮力来飞，所以得有一个体积巨大的气球。这样一来，它飞起来非常慢。

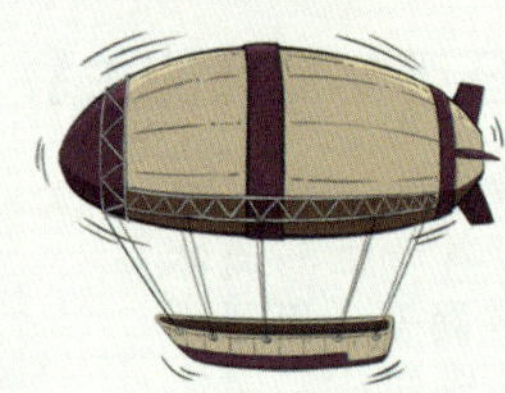

而且，很多早期的气球充的是氢气，特别容易爆炸。

3

有些人就想，能不能做出一个小一点儿、安全点儿的飞行器呢？这时，有两个小伙子出场了，他们就是莱特兄弟。

4

莱特兄弟对研制一种新的飞行器很感兴趣，那就是飞机。

5

当时已经有不少人研究飞机，研究过程中要靠不停地试飞来收集数据。可是试飞很危险，有人飞了没几次就摔下来了。安全起见，两个人做了一个装置——风洞，专门模拟飞机的飞行环境。

6

两个人用飞机模型在风洞里进行了上千次实验，最终设计出理想的飞机。1903年12月17日，莱特兄弟驾驶“飞行者一号”，完成了飞行。

这次飞行只持续了12秒，航程也只有36.5米，但从此拉开了人类航空史的序幕。

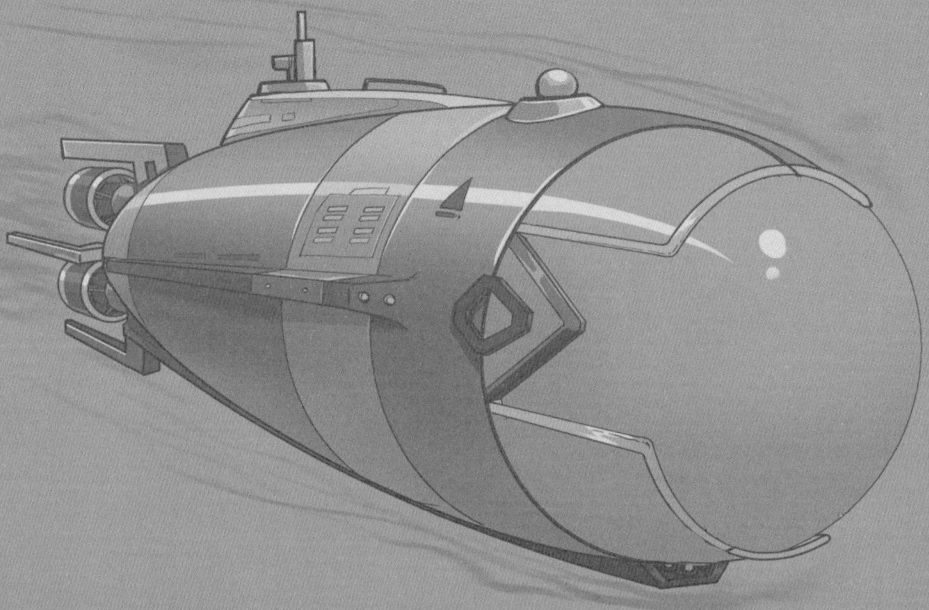

第十章 浮力

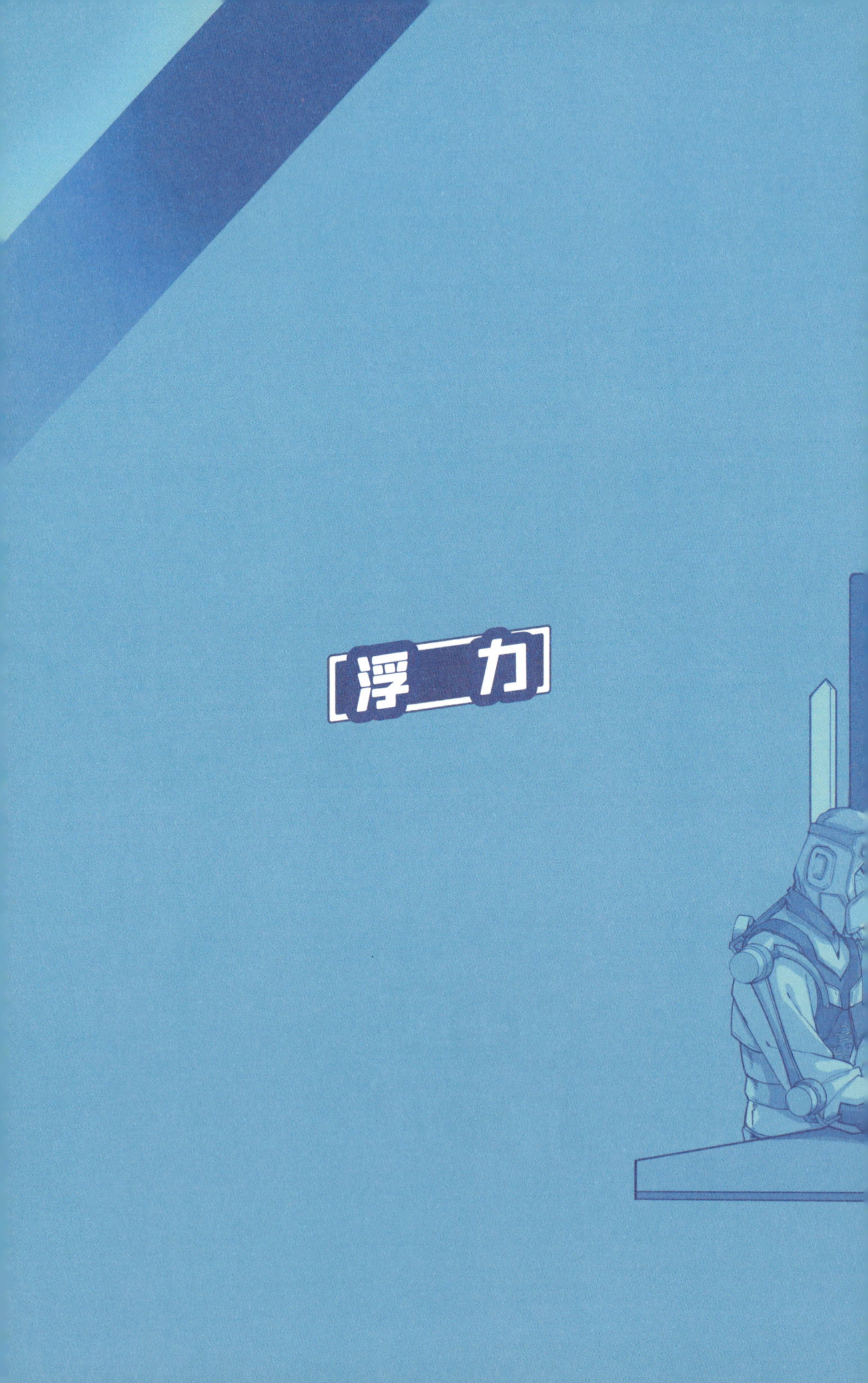
浮力

第一节

浮力和阿基米德原理

勘探小队和支援小队汇合以后，马上开始准备二次勘探工作。

这次勘探工作时间紧，任务重，
于是他们租了一艘潜艇，准备尽快下海作业。

这是这艘潜艇的一些关键数据：

体积：300 立方米
质量：200 吨
最大下潜深度：1 500 米
最大时速：25 节
核定最大乘员数：3 人

这个 200 吨的铁家伙
竟然能在海里轻松地浮起来，
这和它在海水中受到的浮力有很大关系。

潜艇受到的浮力是怎么产生的?

首先，海水中的潜艇会受到各个方向的压强：

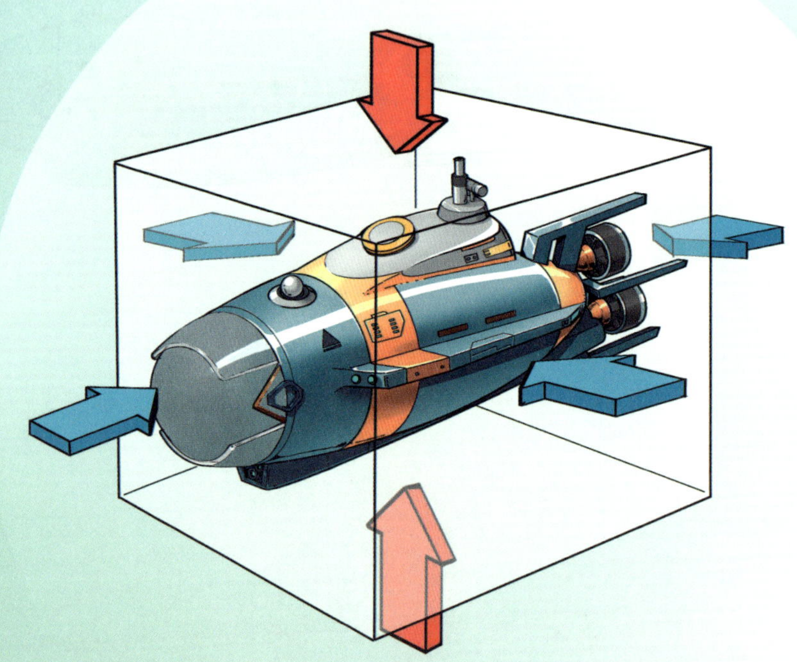

我们先看看来自水平方向的压强：

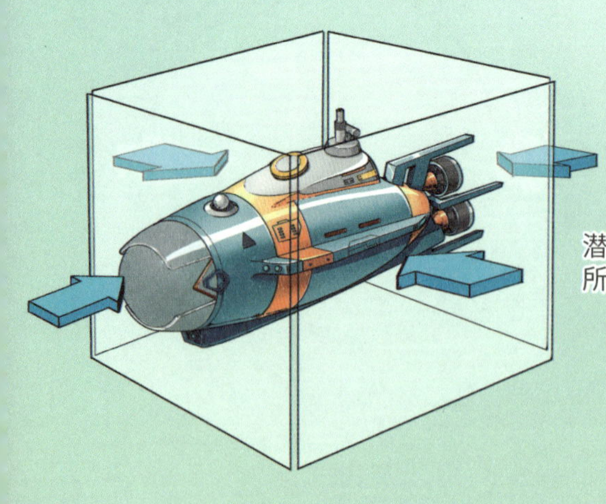

潜艇的前后两侧和左右两侧深度相同，所以压强相等，压力也就相互抵消。

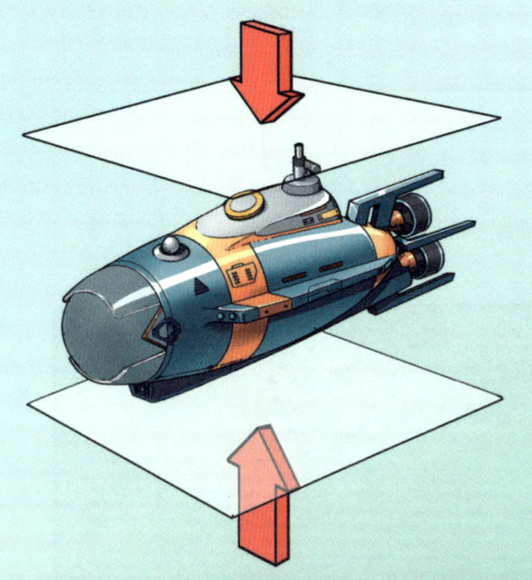

再看潜艇上下两面受到的压强：

潜艇的上下两面深度不相等。

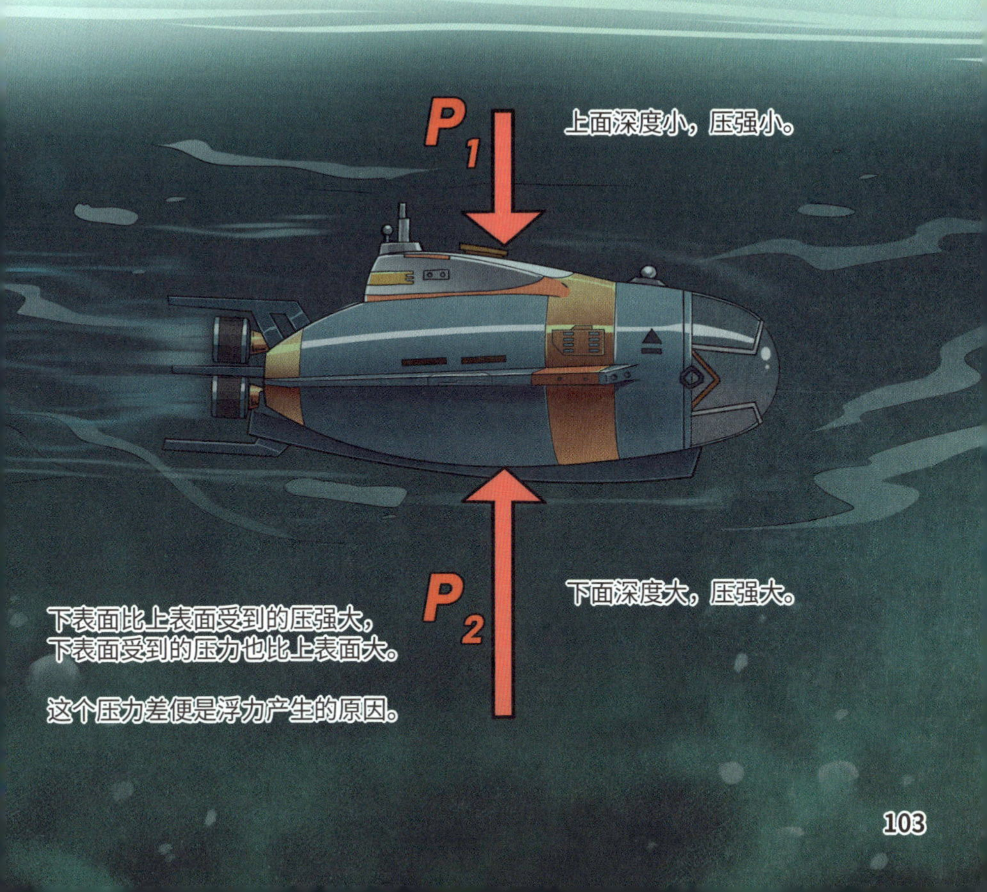

P_1

上面深度小，压强小。

P_2

下面深度大，压强大。

下表面比上表面受到的压强大，
下表面受到的压力也比上表面大。

这个压力差便是浮力产生的原因。

小贴士

浮力的来历搞清楚了，
那浮力的大小该怎么算呢？

这就需要一个“偷梁换柱”的方法。

假设这个浸没在海里的潜艇“啪”一下不见了，留下了一个空洞。

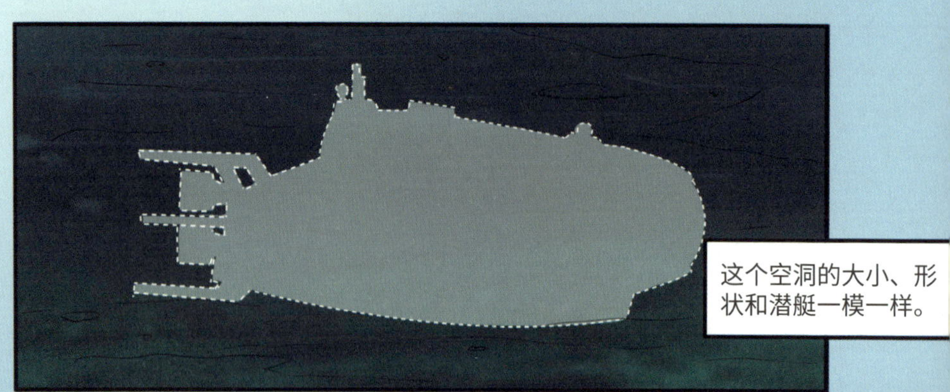

然后我们在空洞里装满水。

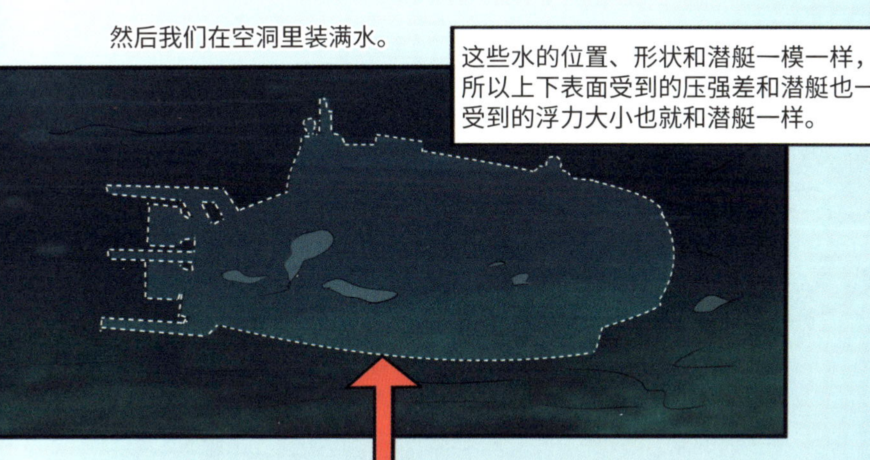

因此，潜艇受到的浮力跟这些水受到的浮力大小相等。
要算潜艇浮力的话，直接算这些水受到的浮力就可以了。

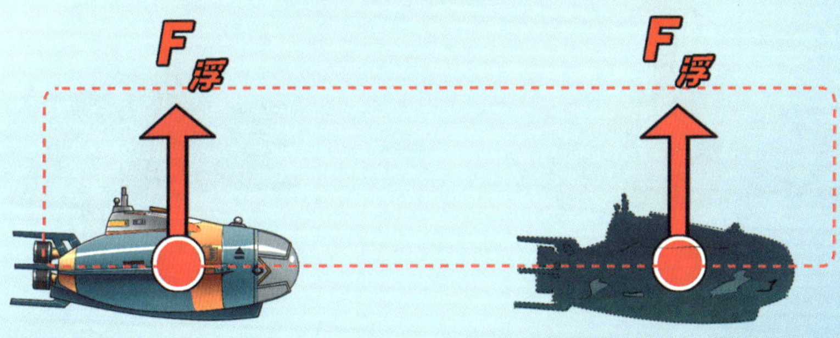

这些水的浮力怎么算呢？

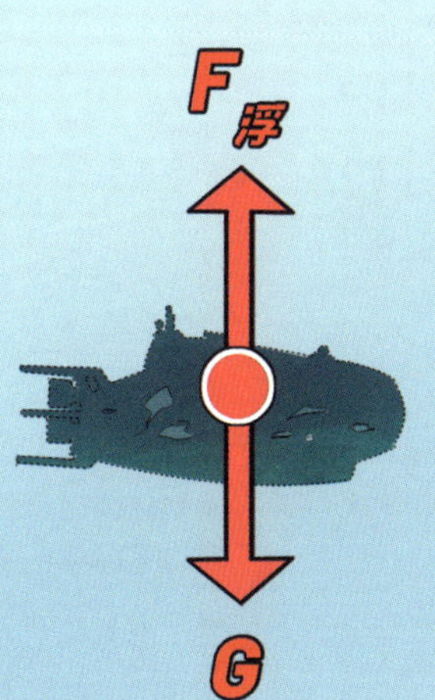

因为这些水本来是静止不动的状态，
所以浮力和重力相等。

要想算这些水的重力，
先算水的质量：

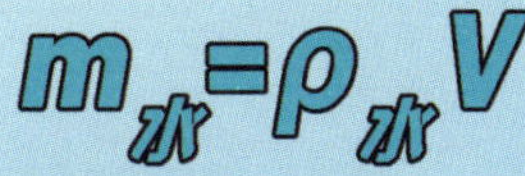

$$m_{水}=\rho_{水}V$$

这些水的重力也就算出来了：

$$G_{排}=m_{水}g=\rho_{水}Vg$$

小贴士

物体在液体中所受的浮力的大小等于它排开的液体所受的重力。这就是**阿基米德原理**。

换句话说，物体排开多重的水，就受到多大的浮力。

用公式表示就是

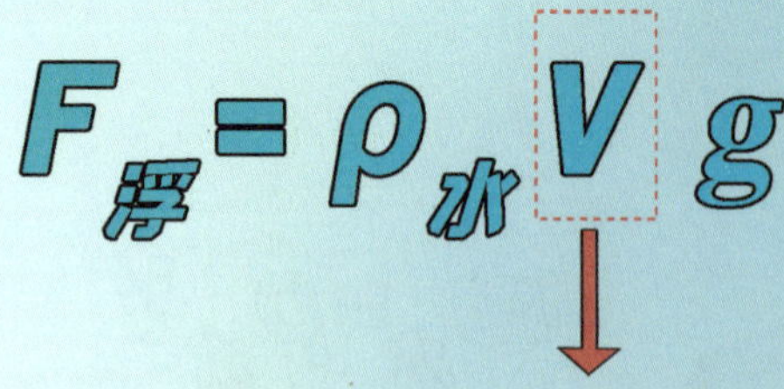

$$F_{浮}=\rho_{水}Vg$$

在这个公式里，水的密度不会变化，g 的数值也不会变化。所以，影响浮力大小的只有**物体排开的水的体积**。

就拿潜艇来说，有时候浸没在海中，有时候漂浮在海面上。
所谓排开的水，其实就是后两幅图中潜艇挤出的那部分海水。

潜艇浸入海水的体积越大，排开的水的体积就越大，受到的浮力也就越大。

1 浮力

物体浸在液体中，会受到竖直向上的力，这就是浮力。

2 阿基米德原理

浸在液体中的物体，受到的浮力的大小等于自身排开的液体所受的重力。这一原理叫阿基米德原理，也适用于气体。

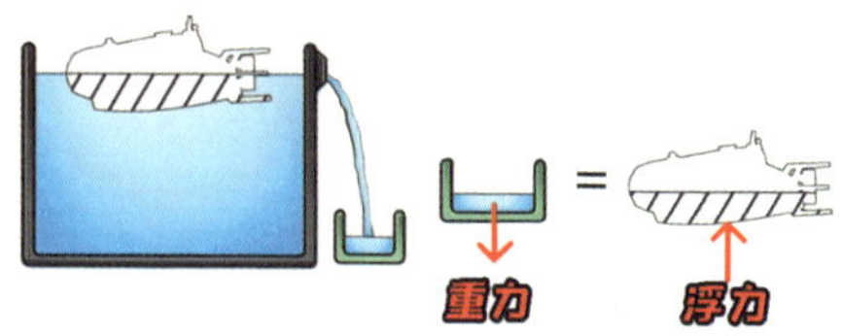

第二节

潜艇上浮、悬浮、下沉的条件

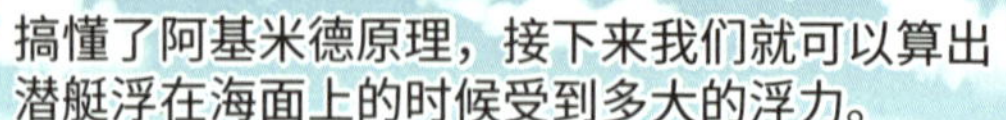

搞懂了阿基米德原理，接下来我们就可以算出潜艇浮在海面上的时候受到多大的浮力。

潜艇浮在海面的时候，
2/3 的体积浸没在海里。
如果潜艇的总体积是 300 m^3，
那么排开海水的体积是 200 m^3，
海水密度近似取 1 000 kg/m^3。

把这些数值代入公式：

$$F_{浮}=\rho_{水}Vg$$
$$=1\,000\ kg/m^3\times200\ m^3\times9.8\ N/kg$$
$$=1\,960\,000\ N$$

搞清楚了浮力产生的原因和计算方法以后，
队员们携带着设备登上潜艇。

紧接着，他们要驾驶潜艇深入海底，
对油气田进行一次大勘探。

刚进入潜艇，
队员们就遇到一个难题：
如何控制
潜艇的上浮和下沉。

要想知道潜艇是如何上浮和下沉的，我们得先对潜艇进行受力分析。

在竖直方向上，
潜艇受到向下的重力和向上的浮力。

当浮力和重力的相对大小不一样的时候，
潜艇的运动状态也不一样：

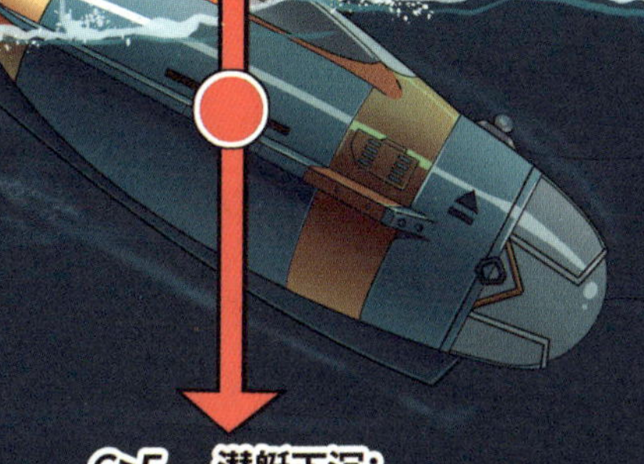

$G>F_{浮}$，潜艇下沉；

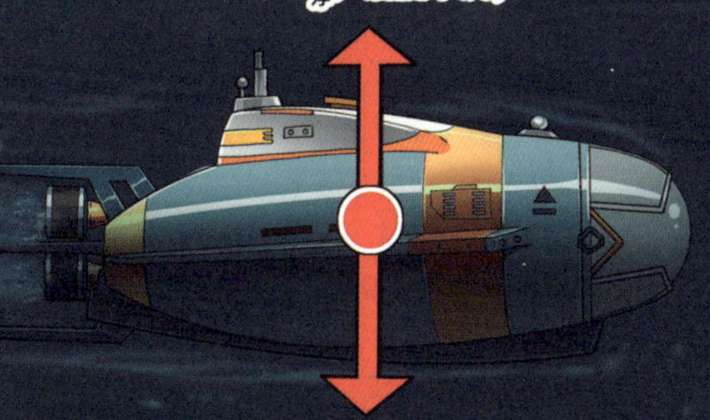

$G=F_{浮}$，潜艇悬浮在海里；

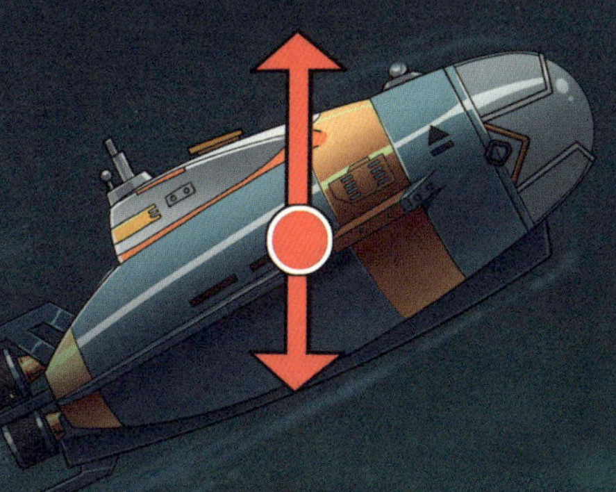

$G<F_{浮}$，潜艇上浮。

之前讲过，潜艇受到的浮力大小是

$$F_{浮}=\rho_{水}Vg$$

当潜艇浸没在海水中的时候，
海水密度 $\rho_{水}$ 不变，排开的水的体积 V 也不变，
重力加速度 g 更不会变，
所以浮力大小是一直都不会变的。

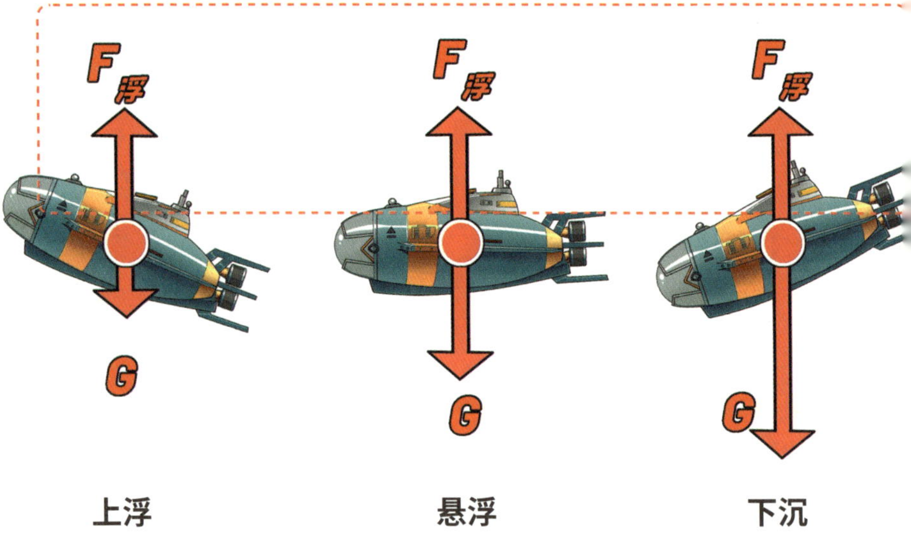

$F_{浮}$ G

上浮

$F_{浮}$ G

悬浮

$F_{浮}$ G

下沉

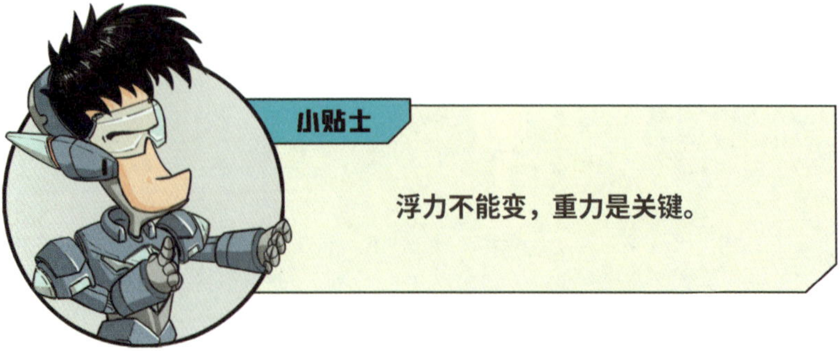

小贴士

浮力不能变，重力是关键。

要想改变重力的大小，
就要用到潜艇上的一个重要装置：

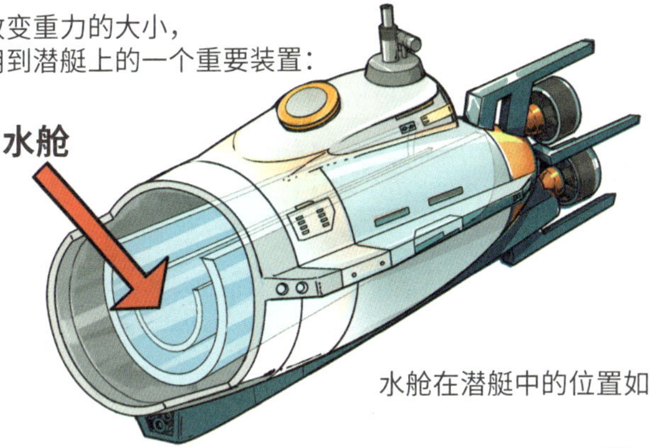

水舱

水舱在潜艇中的位置如下图所示：

这个水舱其实就是潜艇上储存海水的一个桶，
有了它，就可以控制潜艇的上浮和下沉。

就拿下沉的时候来说，得想办法增加潜艇的重力 G，
使**重力大于浮力**。

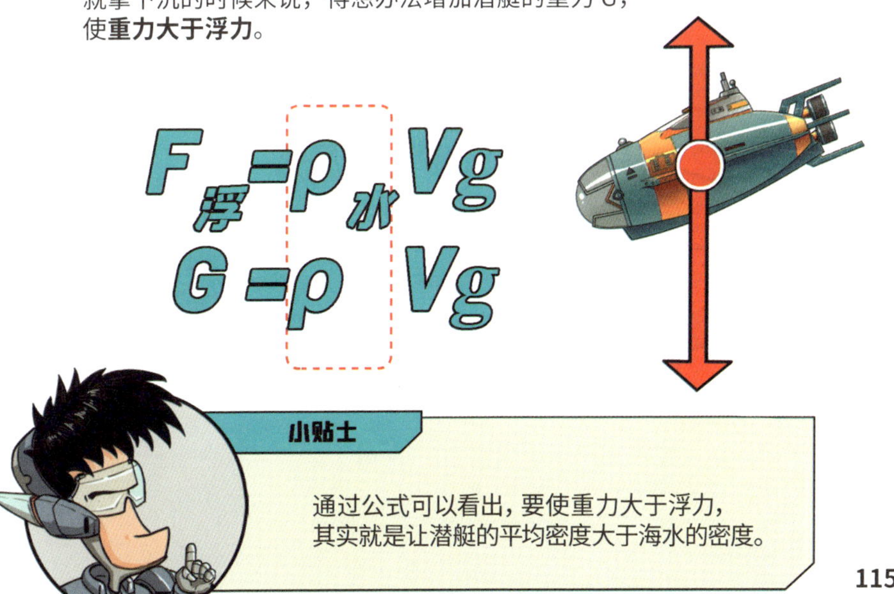

做到这一点并不难，
只需要往水舱里注入海水就可以了。

水舱里开始不停地注入海水，
直到潜艇的**平均密度**超过**海水的密度**。

我们可以通过简易图示还原注水的过程：

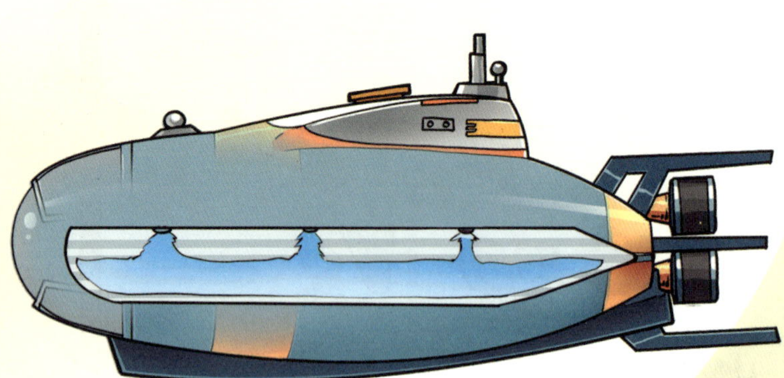

紧接着，潜艇开始一路下潜。
最终，潜艇下潜到海底，
开始采集水下样本。

第一轮作业完毕，潜艇该上浮回到海面上了。要想让潜艇上浮，得让**重力小于浮力**。

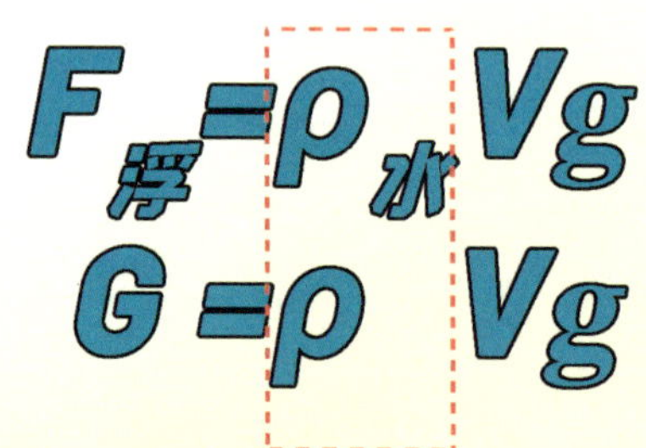

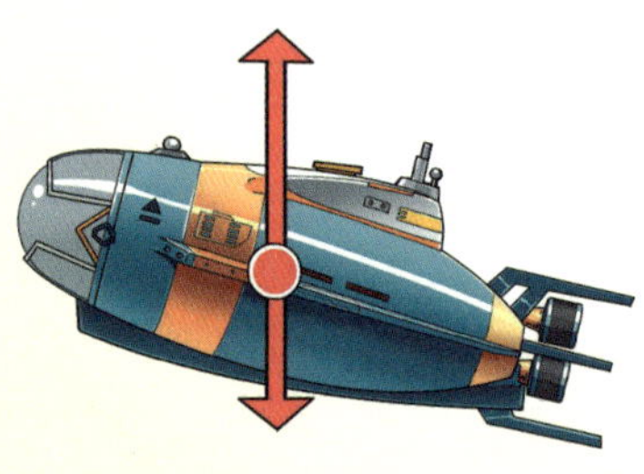

小贴士

通过公式可以看出，要想使重力小于浮力，就得让潜艇的平均密度小于海水的密度。

这就要把水舱里的海水排出去。

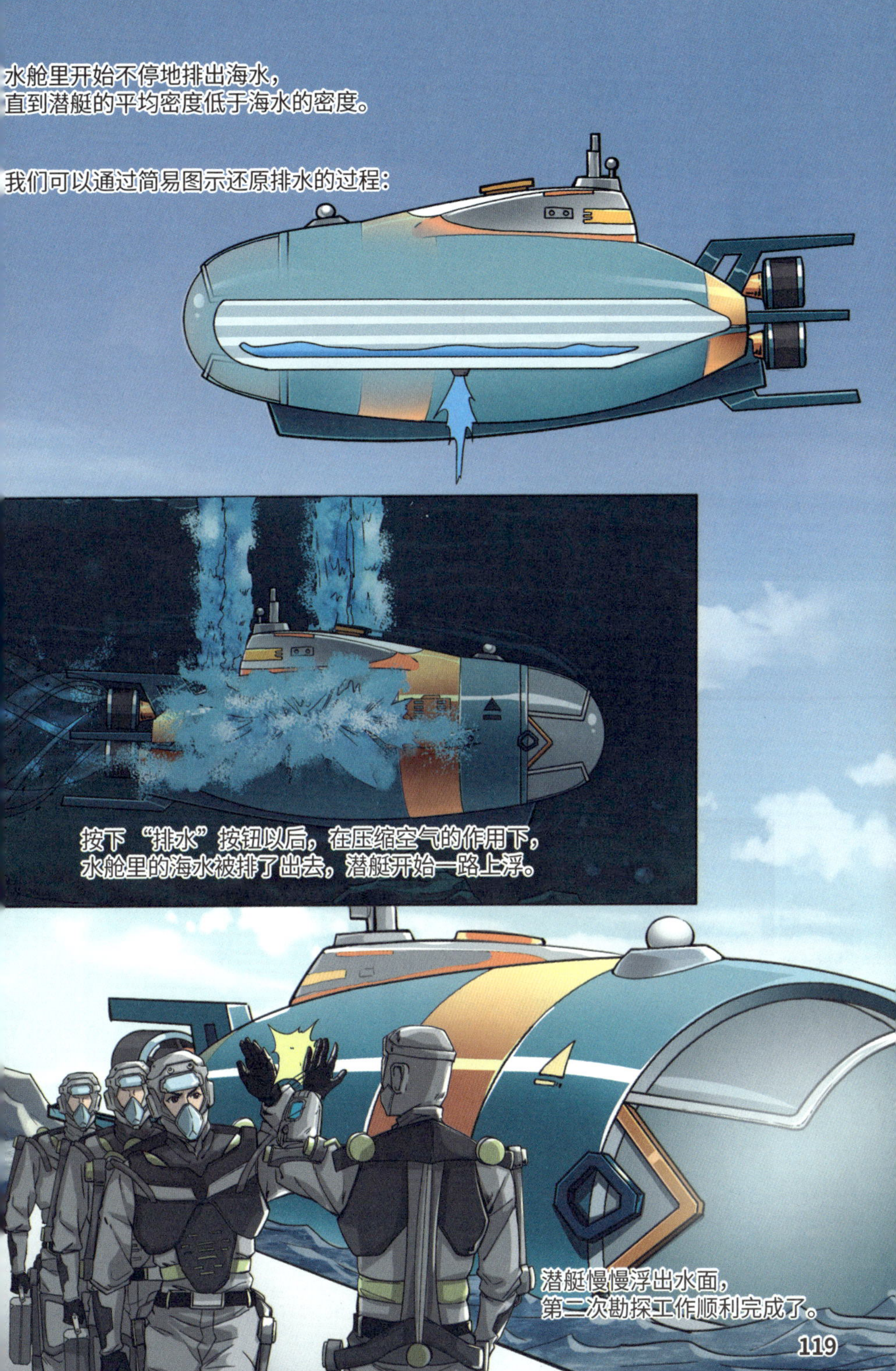
水舱里开始不停地排出海水，
直到潜艇的平均密度低于海水的密度。
我们可以通过简易图示还原排水的过程：
按下“排水”按钮以后，在压缩空气的作用下，
水舱里的海水被排了出去，潜艇开始一路上浮。
潜艇慢慢浮出水面，
第二次勘探工作顺利完成了。

讲到这里，我们总结一下潜艇在上浮和下潜的时候，水舱的不同作用：

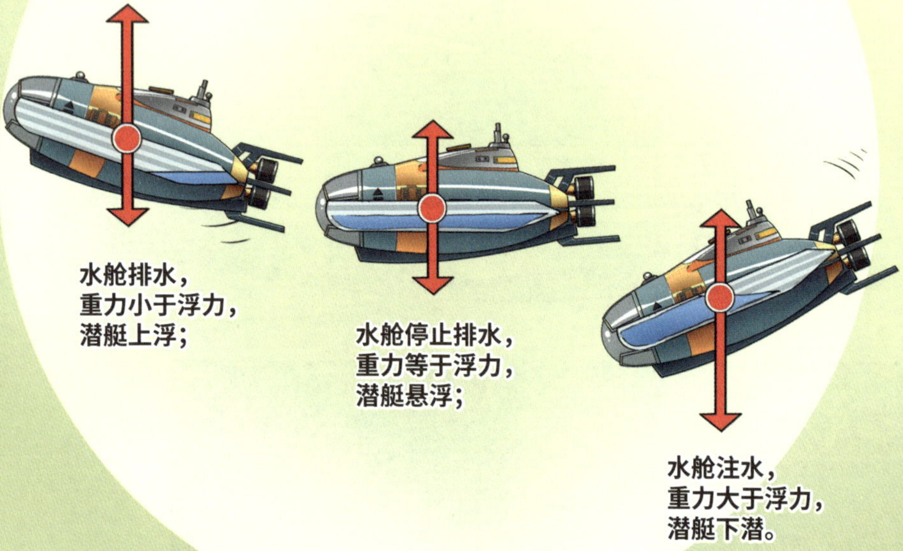

水舱排水，
重力小于浮力，
潜艇上浮；

水舱停止排水，
重力等于浮力，
潜艇悬浮；

水舱注水，
重力大于浮力，
潜艇下潜。

熟悉了潜艇的下潜和上浮原理，在接下来的几天里，
勘探小队驾驶潜艇轮流作业，最终出色地完成了油气田的勘探任务。

物体的浮沉条件和应用

对于浸没在液体中的物体而言，所受到的浮力大于自身的重力，物体上浮。

物体受到的浮力等于自身的重力，物体悬浮在液体内部。

物体受到的浮力小于自身的重力，物体下沉。

对于漂浮在液面上的物体而言，所受的浮力和自身的重力大小相等。

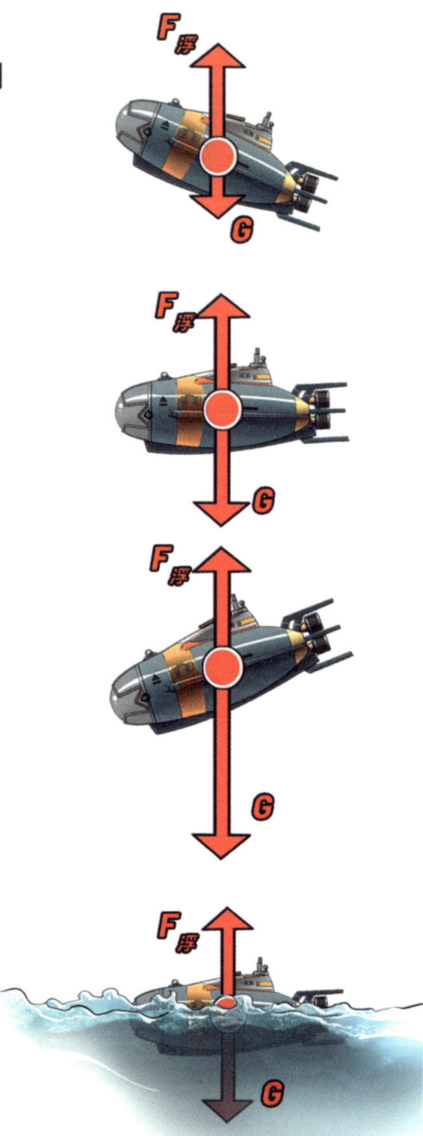

拓展阅读

曹冲称象

1
曹冲称象的故事大家应该挺熟悉，这里面就用到浮力的知识。我们先来回顾一下这个故事：孙权送给曹操一只大象，曹操想知道大象有多重。
大象，你的鼻子长又长，你究竟几斤几两？

2
大象块头这么大，没法直接上秤，这可难坏了曹操的手下。这个时候，曹操的儿子曹冲想了个办法：
在河边找艘船，把大象放船上，然后在船身上标出吃水线。
让大象下船，然后往船上运石头，直到水面与刚才的吃水线平齐。

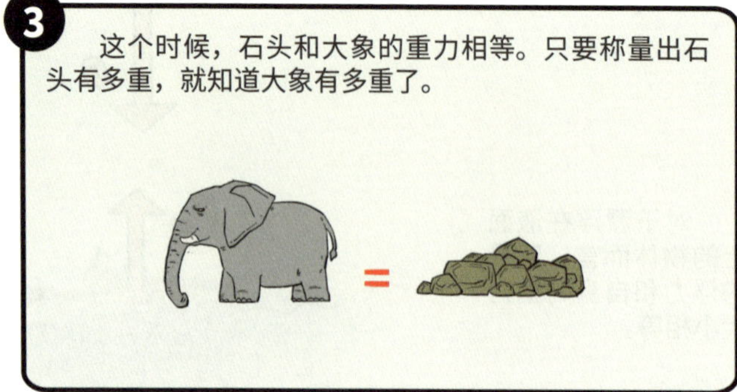
3
这个时候，石头和大象的重力相等。只要称量出石头有多重，就知道大象有多重了。
=

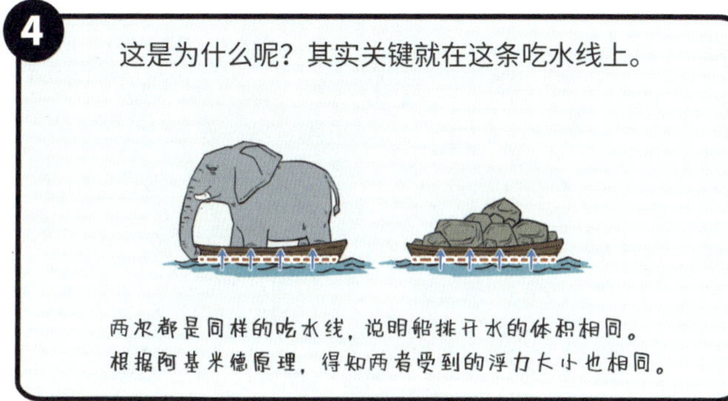
4
这是为什么呢？其实关键就在这条吃水线上。
两次都是同样的吃水线，说明船排开水的体积相同。
根据阿基米德原理，得知两者受到的浮力大小也相同。

5
这两次船的受力分别是这样的：
浮力＝船和大象的重力
浮力＝船和石头的重力

6
浮力相同，船的重力没变，所以大象和船上的石头是等重的。当时的曹冲只有五六岁，就能想出如此巧妙的办法，怪不得很多人听了这个故事会啧啧称奇。

第十一章

功和机械能

功和机械能

第一节 功和功率

推土机推动沙土，
起重机吊起重物，
推土机和起重机出了力，
因此沙土和重物的位置变了。
这时候我们可以说，
推土机或者起重机对物体做了**功**。
功在我们的生活里无处不在。
想了解关于功的奥秘，还得从一个故事讲起。

假设在遥远的未来，地球上发生了一场毁天灭地的大灾难。
灾难过后，幸存者建立了一个定居点并在此生活。
这天，定居点里的一支采集小队
按照计划外出，收集医疗物资。

很快他们便来到市郊的一家医疗中心。

医疗中心

医疗中心的物资都储藏在地下仓库。
要想拿到物资，就得把物资从废弃的电梯井提上来。

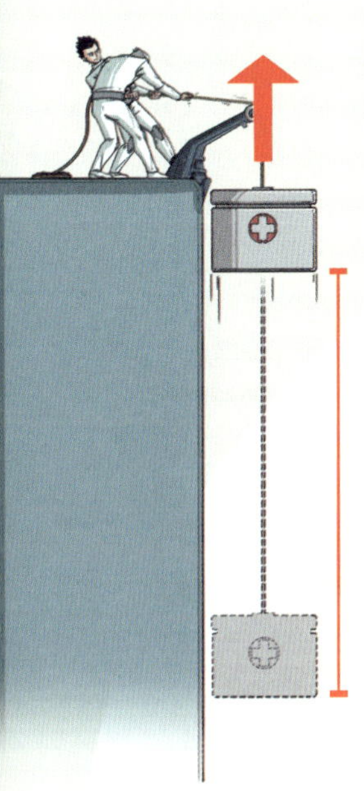

将医疗物资提上来的过程中，有两点很重要：

一个是医疗箱受到一个向上的拉力；

另一个是医疗箱向上移动了一段距离。

有了这两点，拉力就对医疗箱做了功。

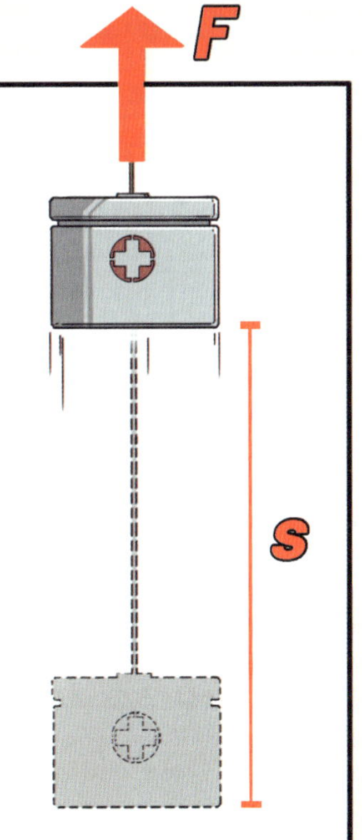

在这里，
F 代表**力**，
s 代表医疗箱在力的方向上**移动的距离**。

通俗一点儿说，
所谓做功，就是先有一个力，
然后这个力完成了一些工作。

把医疗箱从仓库提上来，
这就是拉力做的功。

把医疗箱拉上来以后，采集小队还要把箱子带出医疗中心。
这时候，他们遇到了一个小问题：

单靠队员推箱子，
箱子纹丝不动。

把人换成工程机甲以后，
工程机甲可以轻松地提着箱子向前走。

这两种情况，看起来都挺费力，
但其实**人的推力**和**工程机甲的拉力**都没有做功。

让我们分析一下刚才的两种情况：

虽然**人用力推，但是箱子没有移动**，
所以推力并没有做功。

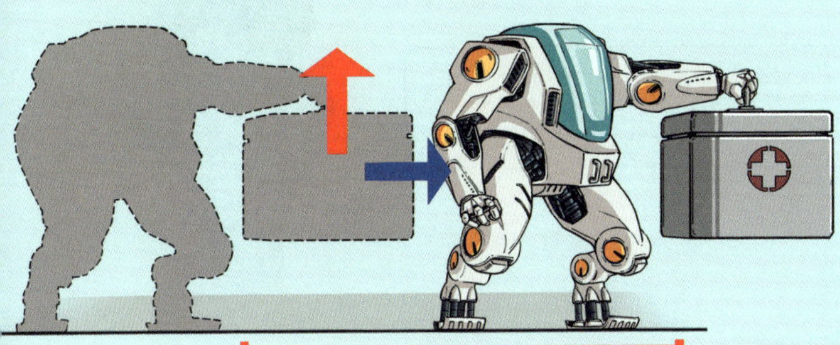

拉力的方向是向上的，
物体移动的方向是向前的，
物体**没有沿着拉力向上移动**，
所以工程机甲的拉力也没有做功。

这说明做功有两个必要条件：

1. 物体受到力的作用；
2. 物体在力的方向上移动了一段距离。

必须两个条件都满足，
力才能对物体做功。

功是可以算出来的，计算公式是这样：

$$W = F \times s$$

功　**力**　**物体沿力的方向移动的距离**

功的单位是**焦耳**，用符号 **J** 来表示。1 焦耳等于 1 牛的力使物体沿着力的方向移动 1 米的距离时所做的功。

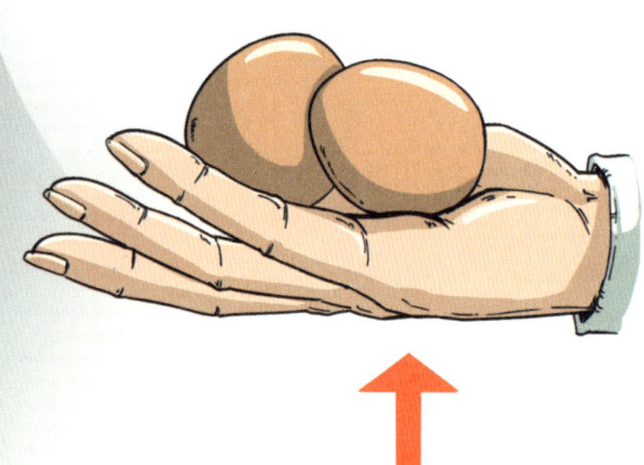

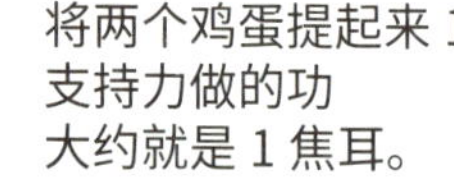

将两个鸡蛋提起来 1 米高，
支持力做的功
大约就是 1 焦耳。

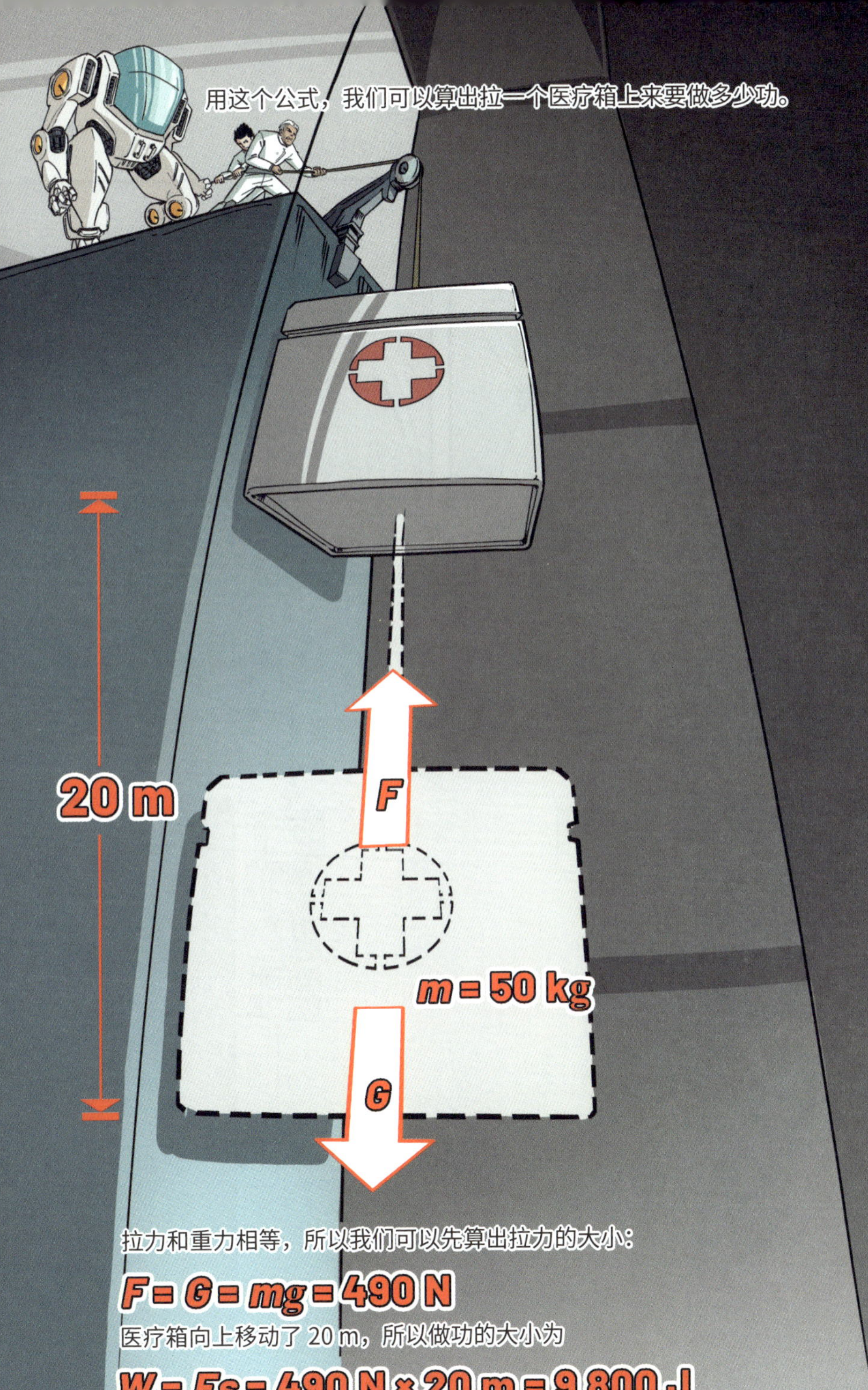

拉力和重力相等，所以我们可以先算出拉力的大小：

$$F = G = mg = 490\ \text{N}$$

医疗箱向上移动了 20 m，所以做功的大小为

$$W = Fs = 490\ \text{N} \times 20\ \text{m} = 9\,800\ \text{J}$$

郊外的环境很危险，
收集物资这事儿得速战速决。

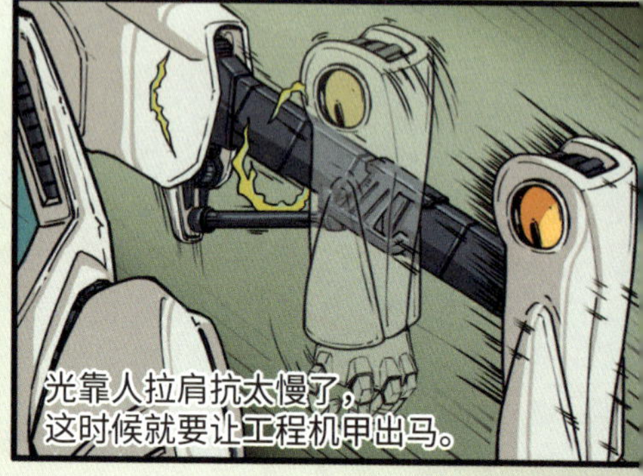

两个队员累得半死才拽上来一个医疗箱，
工程机甲一次就拎起 4 个医疗箱。

同样的时间，两个队员一次只能提上来一个医疗箱，
而工程机甲可以一次拉 4 个医疗箱上去。

时间相同，工程机甲拉上来的多，人拉上来的少，其实就是一个做功快，一个做功慢。

要想知道做功快慢，只要算出单位时间做多少功就可以了。
我们称单位时间做的功为**功率**，用字母 *P* 表示。
功率可以这样算：

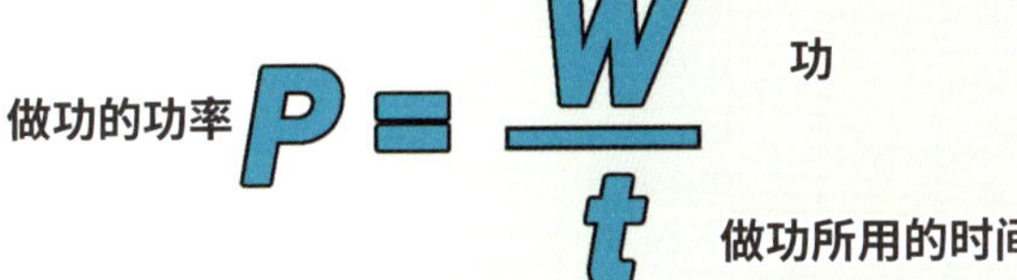

功的单位是焦耳，时间的单位是秒，所以功率的单位是焦耳每秒，也叫**瓦特**，符号是 **W**。

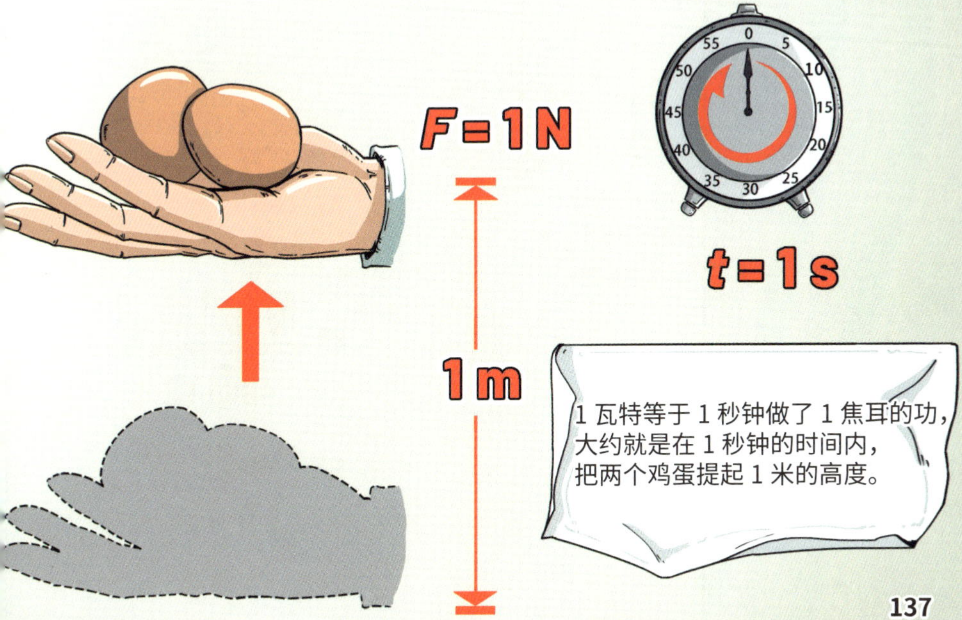

F=1N

1m

t=1s

1 瓦特等于 1 秒钟做了 1 焦耳的功，
大约就是在 1 秒钟的时间内，
把两个鸡蛋提起 1 米的高度。

搞懂了功率怎么算，我们可以比比工程机甲和人的做功快慢。

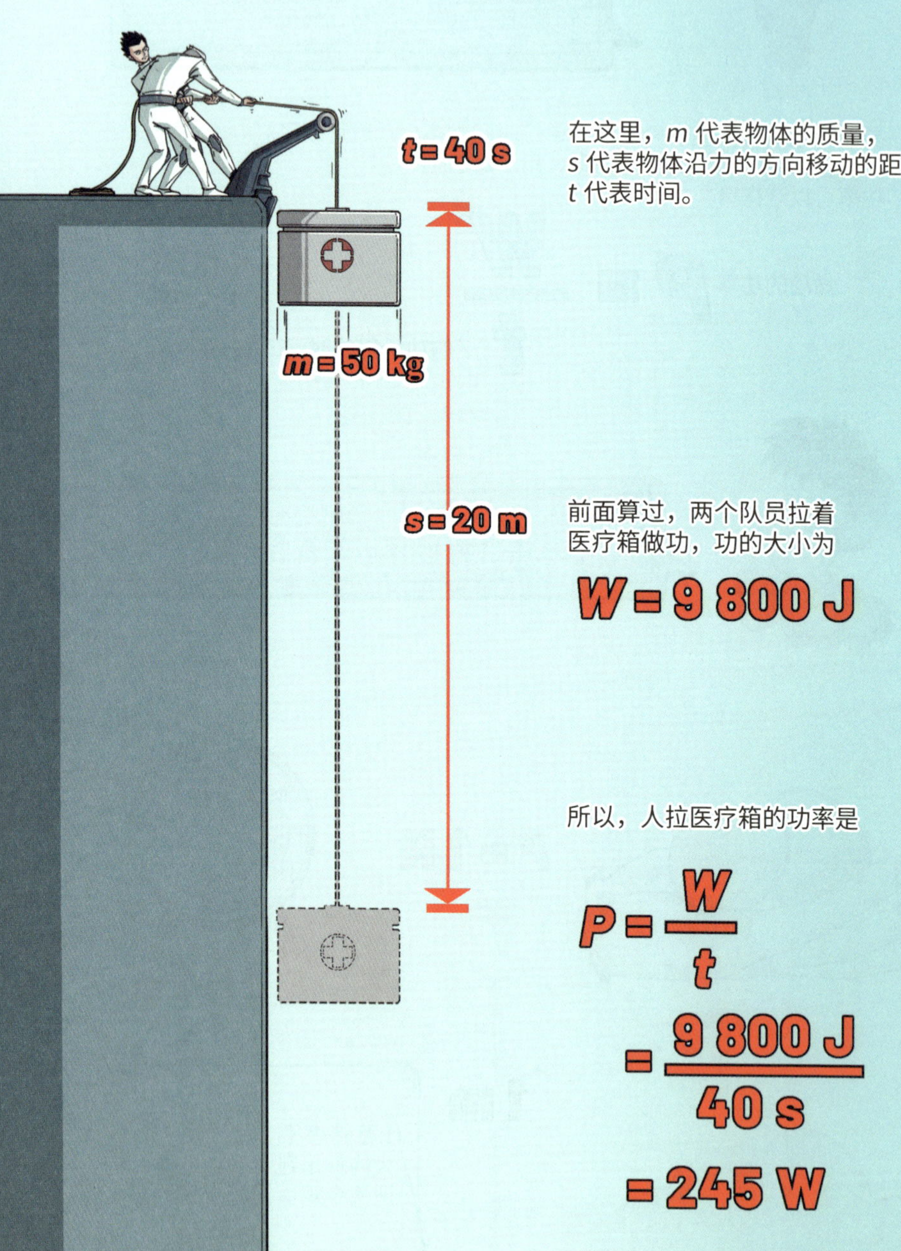

在这里，*m* 代表物体的质量，*s* 代表物体沿力的方向移动的距离，*t* 代表时间。

前面算过，两个队员拉着医疗箱做功，功的大小为

$$W = 9\ 800\ \text{J}$$

所以，人拉医疗箱的功率是

$$P = \frac{W}{t} = \frac{9\ 800\ \text{J}}{40\ \text{s}} = 245\ \text{W}$$

$t = 40\ s$

对于工程机甲来说，
拉力等于 4 个医疗箱的重力：

$$F = 4G = 4mg = 1960\ N$$

$m = 200\ kg$

将 4 个医疗箱拉上来需要做的功为

$s = 20\ m$

$$W = Fs = 1960\ N \times 20\ m = 39\ 200\ J$$

所以，工程机甲拉医疗箱的功率是

$$P = \frac{W}{t} = \frac{39\ 200\ J}{40\ s} = 980\ W$$

也就是说，工程机甲做功的功率是两个队员的 4 倍。

在工程机甲的帮助下，
采集小队收集物资的速度大大加快了。
医疗物资很快就采集够了，
小队踏上了归途。

1 功

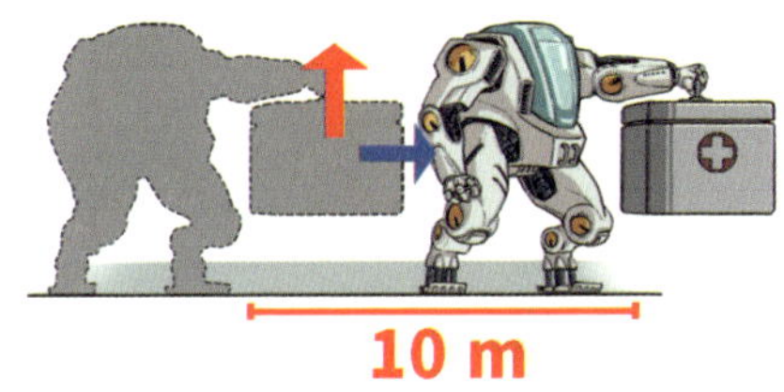

有一个物体，它受到一个力的作用，并且在这个力的方向上移动了一段距离，就说明这个力对物体做了功。

力作用在物体上，那么这个力和物体在力的方向上移动的距离相乘，得到一个乘积，就是这个力对物体做的功。

2 功率

做功的快慢用功率来表示。功率等于做功大小与做功所用时间之比，公式如下:

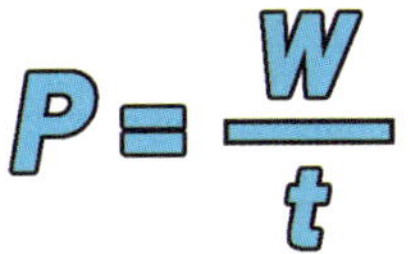

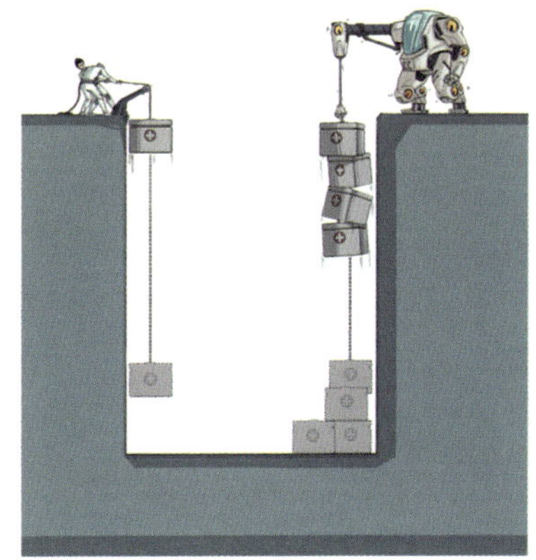

拓展阅读

人体的输出功率有多大？

1

物体单位时间做功的多少，叫作功率。做功越快，功率越大。其实，我们的身体一直在消耗能量，并且对外做功，所以人体的日常活动也会有一定的功率。

2

人平时就算不运动，也会消耗能量。我们把人在清醒和安静的状态下，维持生命所消耗的最低能量，叫作基础代谢。

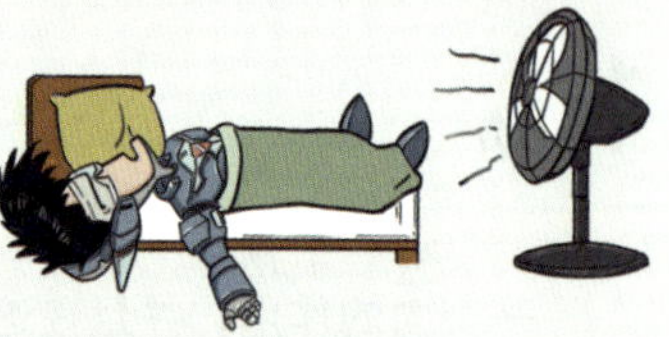

成年人基础代谢的功率为60～100 W，跟一台电风扇的输出功率差不多。

3

如果运动起来的话，那人体的功率远远不止这些。就拿我们经常做的运动——跑步来说：

普通人跑步的功率为300～600 W，这跟电饭煲的输出功率差不多。

4

如果做一些爆发性更强的运动，那人体的输出功率会变得更大，比如举重。

假定一个举重运动员的挺举成绩是176 kg，时间为2 s，挺举高度是1.8 m，那他举重的功率超过1 500 W。

5

专业的自行车赛车手冲刺时，瞬时功率也可以超过1 000 W，快抵得上一个电热水壶的功率了。

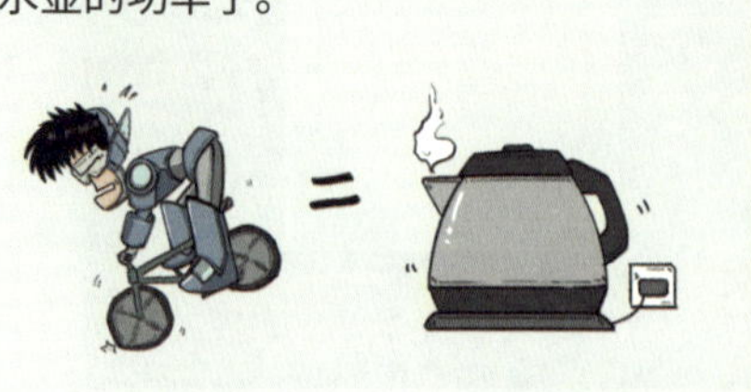

6

所以，人体的潜能很大。我们也要在合理的范围内多锻炼、多运动，提高身体素质，这样才能更好地学习和生活。

第二节

机械能和机械能守恒

在这座废弃的城市里，
常年游荡着一种变异的巨狼。
这种巨狼十分凶残，
人类如果碰上了往往是死路一条。
采集小队在回定居点的路上，
就遭遇了这么一群巨狼。
面对巨狼，他们没有任何犹豫，
掉头就跑。

为了摆脱狼群，
他们逃进一条隧道。
他们沿着隧道跑啊跑，眼看已经跑到另一头，
却发现出口被一堆大石头堵住了。

这堆石头堵得非常严实，
怎么都弄不开。
情急之下，
有个队员朝着石堆撞了过去。
啊——
结果石头丝毫未动。

既然人撞不开，那就换个大家伙。
工程机甲开足马力，朝石堆撞了过去。

这回，石堆被撞开，
隧道口被撞出一个大洞。

我们先来分析一下撞击的瞬间：

类似的例子在生活中还有很多。例如：
你的小伙伴撞了你，
你觉得疼，这就是他对你做功了，
他的能量转移到了你的身上。

那撞击的能量是怎么来的呢？

工程机甲站着不动的时候，
是没有什么能量的，
也就撞不开石堆。

如果它飞快地跑起来，
有了速度，它就能撞开石堆。

这个时候，它身上就有了能量。
我们把这种因为运动而具有的
能量叫**动能**。

动能的大小和两个因素有关，其中一个因素是物体的**质量**。

人的质量小，
相同速度下动能也小，
所以撞不开石堆。

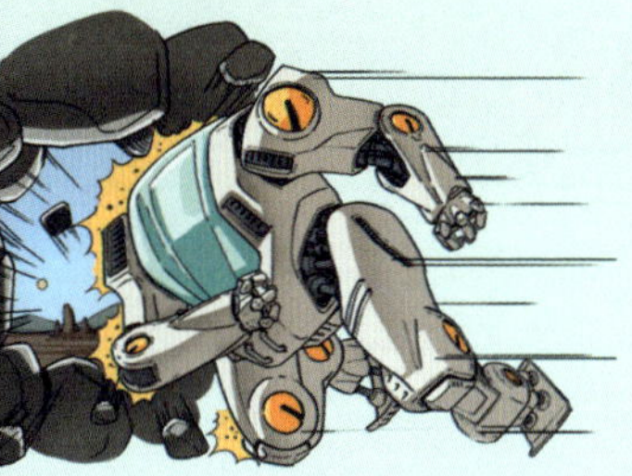

工程机甲的质量大，
相同速度下动能也大，
所以一下就把石堆撞开了。

除了质量，影响动能大小的另一个因素是物体的**速度**。

工程机甲慢悠悠地走过去，
也撞不开石堆，这是因为
速度太小，动能也太小。

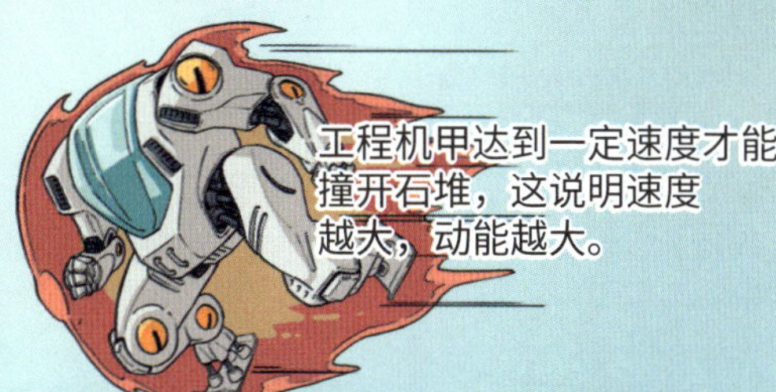

工程机甲达到一定速度才能
撞开石堆，这说明速度
越大，动能越大。

物体因运动而具有的能量就是动能。

质量越大，速度越大，
物体的动能越大。

石堆被撞开了，隧道也就打开了。
采集小队开始一路夺命狂奔。

可是，刚才撞开隧道石堆花了太多时间，
狼群很快追了上来。

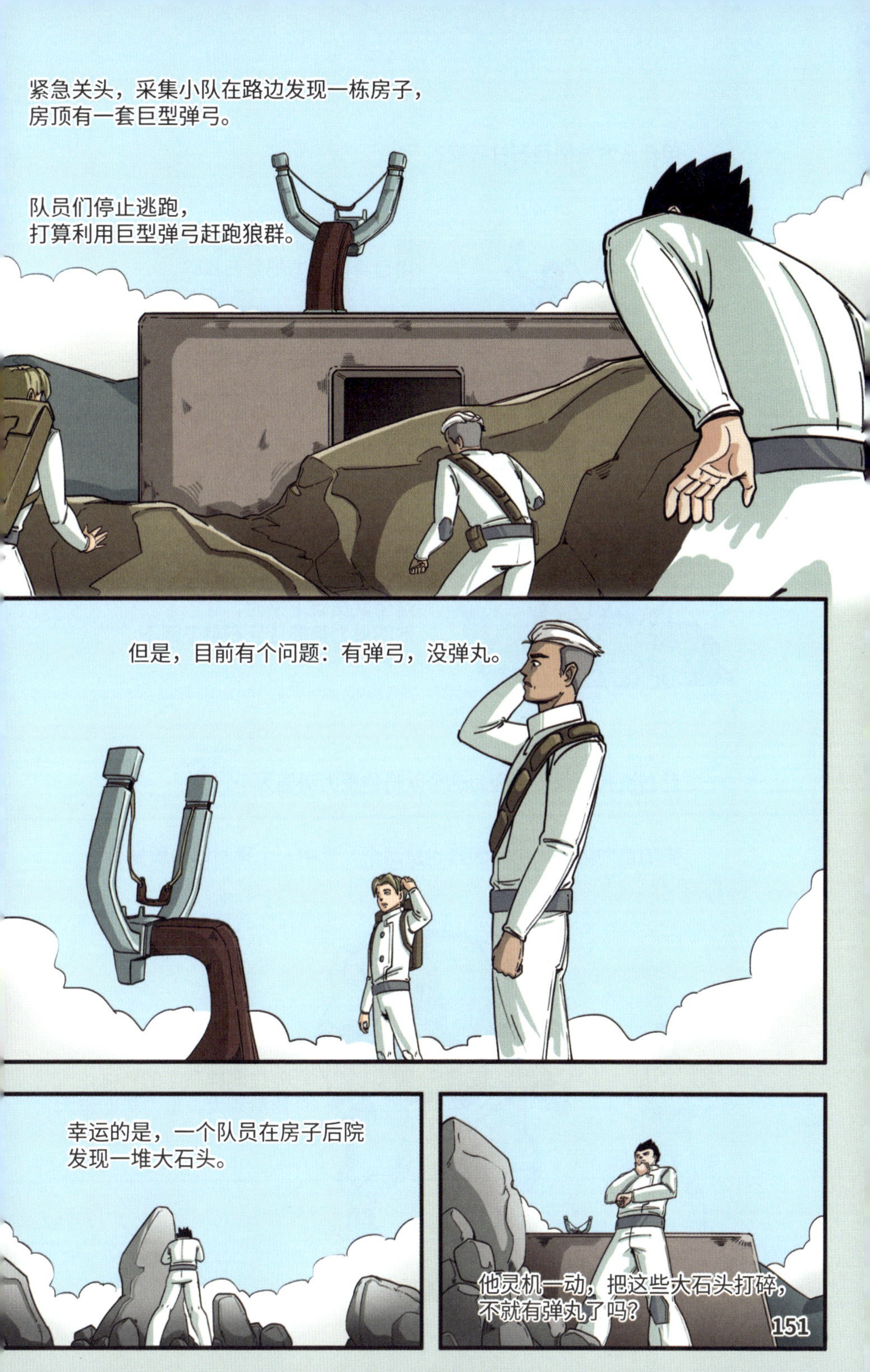

紧急关头，采集小队在路边发现一栋房子，
房顶有一套巨型弹弓。

队员们停止逃跑，
打算利用巨型弹弓赶跑狼群。

但是，目前有个问题：有弹弓，没弹丸。

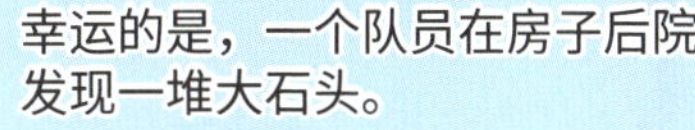

用什么方法把巨石打碎呢？

这个队员决定从高处跳下去，
用自身的重力把巨石踩碎。

他跳了一次，
结果巨石只是晃了两下。

人站在高处，并且受到重力的作用，
就拥有一种能量——**重力势能**。

这个队员跳下来时，
他的重力势能让巨石晃了两下。

巨石没有被踩碎是因为这个队员的重力势能太小。

影响重力势能大小的因素也是两个，其中一个是物体的**质量**。

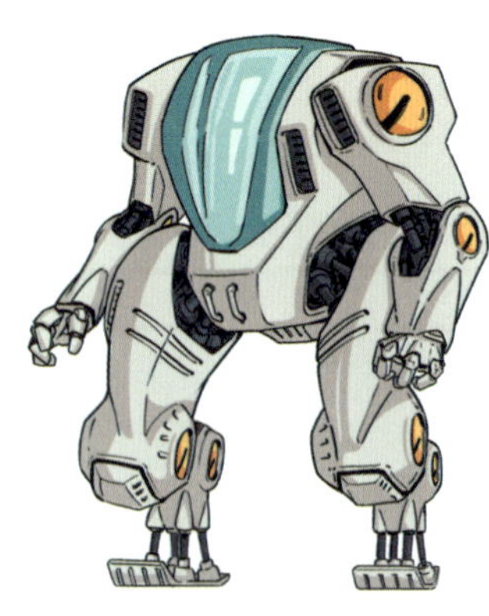

处在同样高度的物体，
质量越大，重力势能越大。

除了质量，影响重力势能的另一个因素是物体所处的**高度**。

同样质量的物体，
所处高度越高，
重力势能越大。

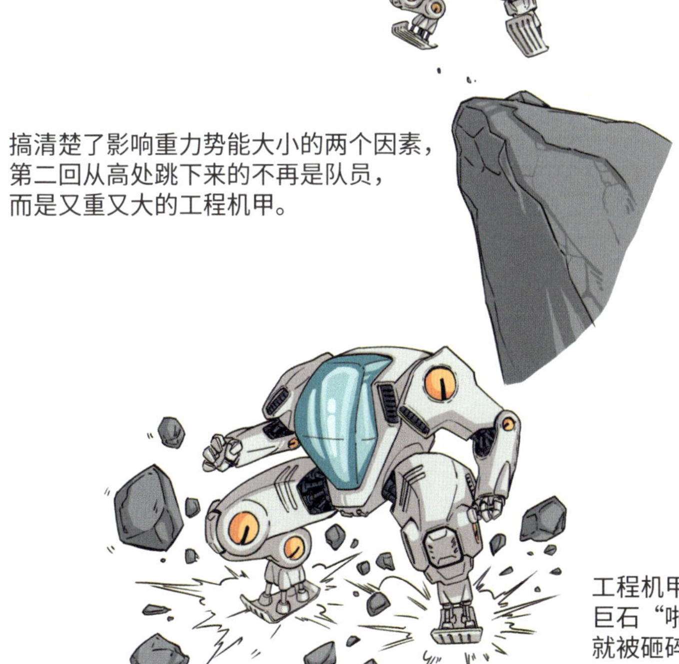

搞清楚了影响重力势能大小的两个因素，
第二回从高处跳下来的不再是队员，
而是又重又大的工程机甲。

工程机甲跳下来以后，
巨石“啪”的一声
就被砸碎了。

在制造弹丸的过程中，
我们明白了第二种能量——**重力势能**。

物体在高处，并且受到重力的作用，
就会拥有重力势能。

质量越大，所处高度越高，
物体的重力势能越大。

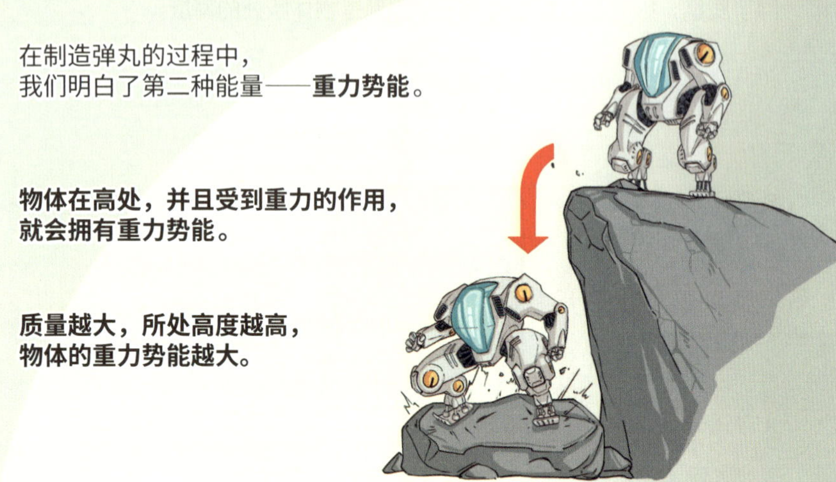

准备好弹丸，采集小队立刻发起反击。
第一次发射，弹弓射得很近，根本打不到狼群。

要想把石头射得远，
就得把弓弦拉得更长。

为什么弓弦拉得更长，就会打得更远呢？

这得从弹弓的发射原理讲起。

拉长弓弦的时候，弓弦会发生**弹性形变**。
这种弹性形变可以积蓄能量，
我们称这种能量为**弹性势能**。

弹性势能越大，
弹丸也就飞得越远。

弹性势能的大小和一个因素有关，
这个因素就是物体的**弹性形变程度**。
对于同一个物体而言，弹性形变
程度越大，弹性势能也就越大。

弓弦拉得太短，弹性形变小，
弹性势能也就小。

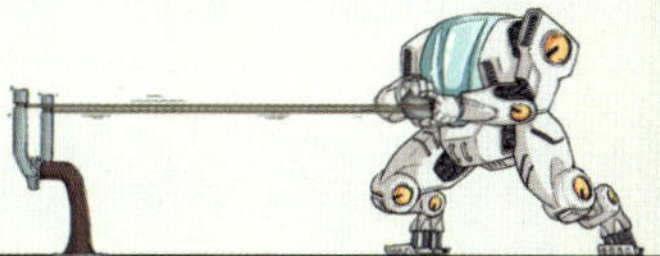

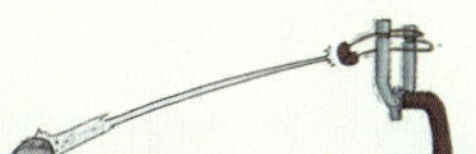

只有拉长弓弦，弹性形变程度变大，
才能获得足够的弹性势能。

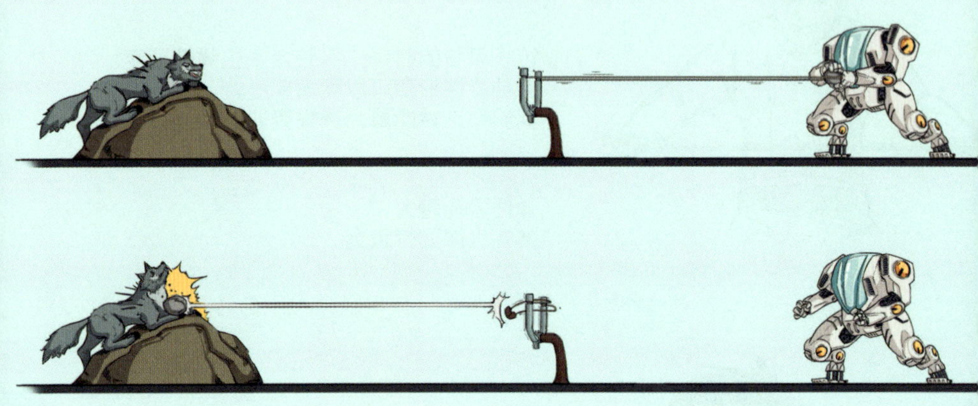

工程机甲这次把弓弦拉得很长，弹弓爆发出巨大的威力，
采集小队终于赶走了狼群。

在驱散狼群的过程中，
我们明白了第三种能量——**弹性势能**。

物体因为发生弹性形变而积蓄的能量叫弹性势能。

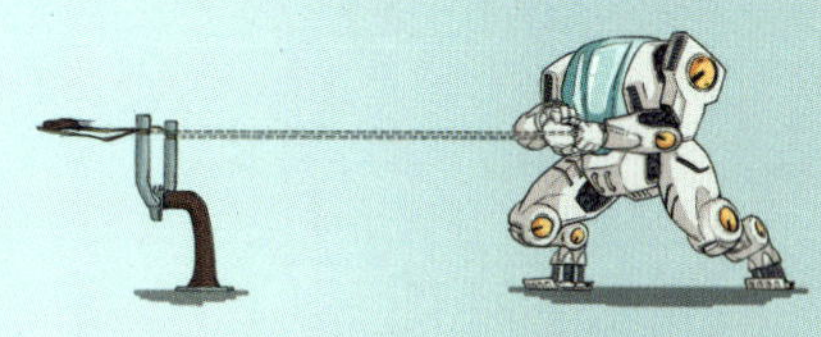

同一个物体，弹性形变程度越大，弹性势能越大。

最后总结一下，在和狼群纠缠的过程中，
采集小队共利用了 3 种能量。

动能

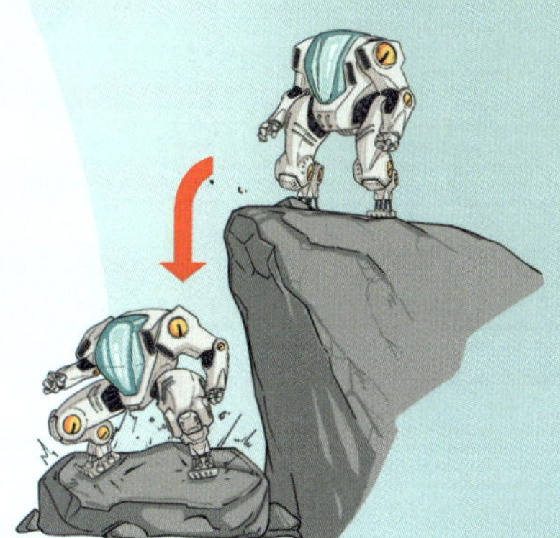

重力势能

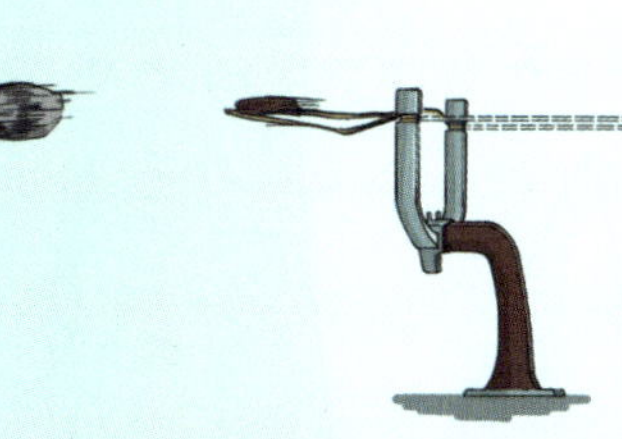

弹性势能

小贴士

这 3 种能量，
我们把它们统称为**机械能**。

赶走狼群以后，采集小队继续赶往定居点。
因为狼群的干扰，他们迷路了。
他们走着走着就来到一个大峡谷，
隐约可以望到对岸远处的定居点。
峡谷上有一座横跨两岸的大秋千。
队员们喜出望外，决定荡秋千到对岸去。

不过，这个秋千究竟能不能荡过去？

我们先分析一下荡秋千的全过程，这个过程大概分为两段：

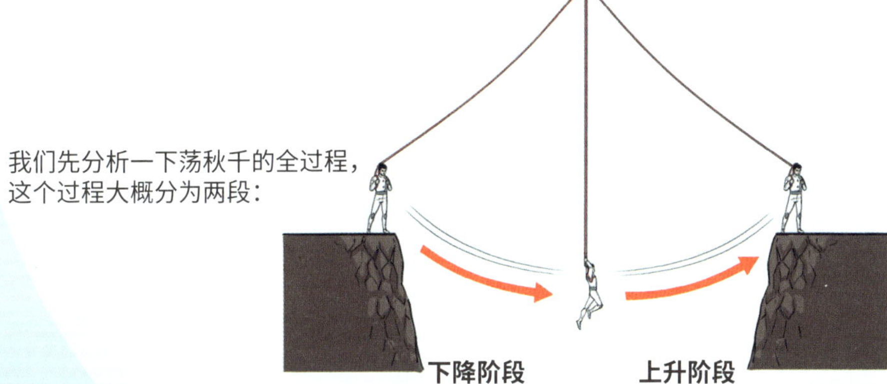

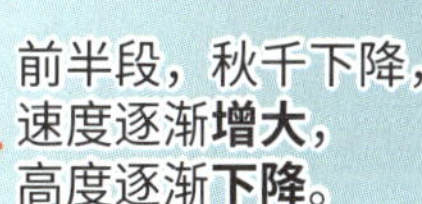

前半段，秋千下降，
速度逐渐**增大**，
高度逐渐**下降**。

后半段，秋千上升，
速度逐渐**减小**，
高度逐渐**上升**。

整个过程中，能量转化大概是这样的：

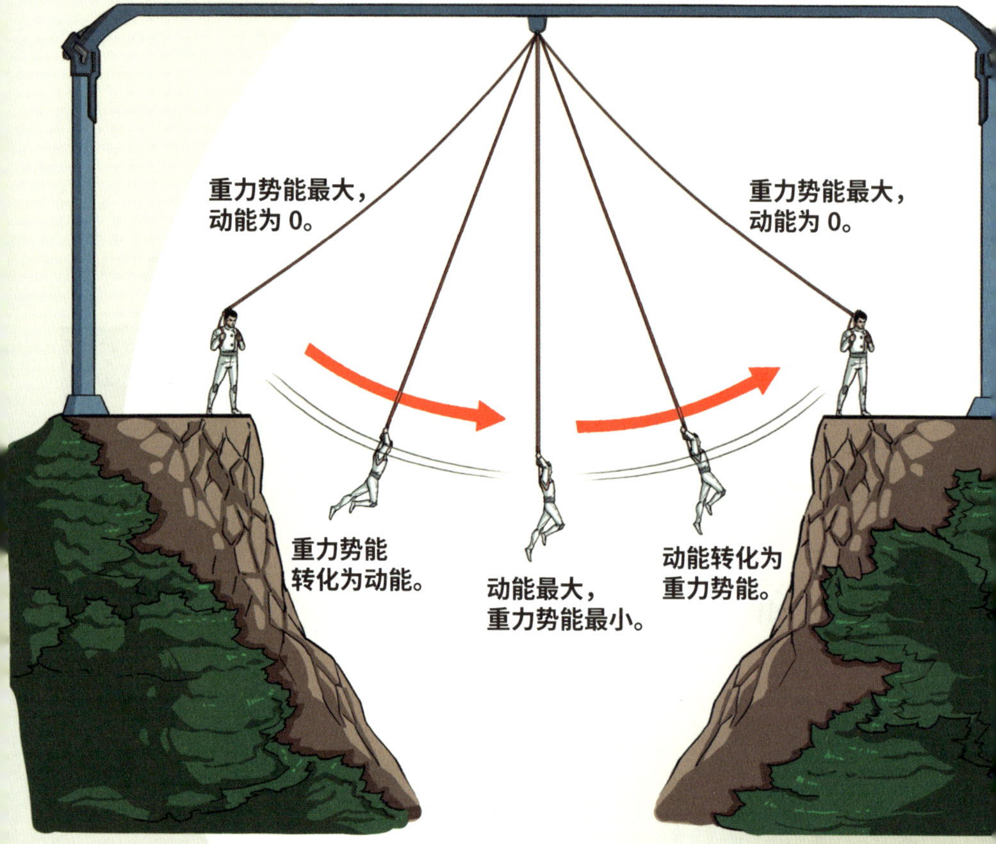

重力势能最大，
动能为 0。

重力势能
转化为动能。

动能最大，
重力势能最小。

动能转化为
重力势能。

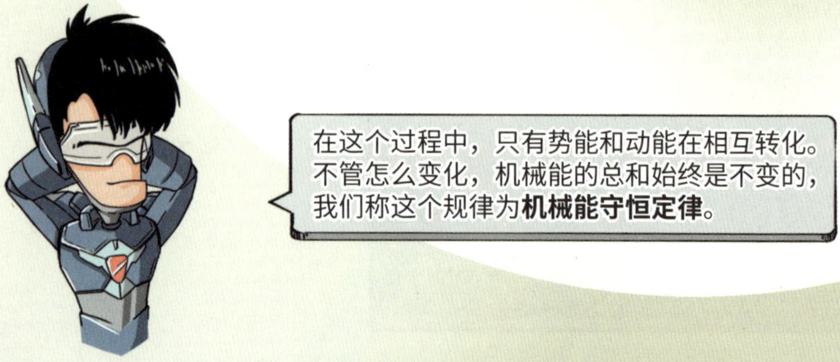

重力势能最大，
动能为 0。

在这个过程中，只有势能和动能在相互转化。不管怎么变化，机械能的总和始终是不变的，我们称这个规律为**机械能守恒定律**。

不过，在荡秋千的实际过程中，
终点高度需要比起始高度低一点儿。

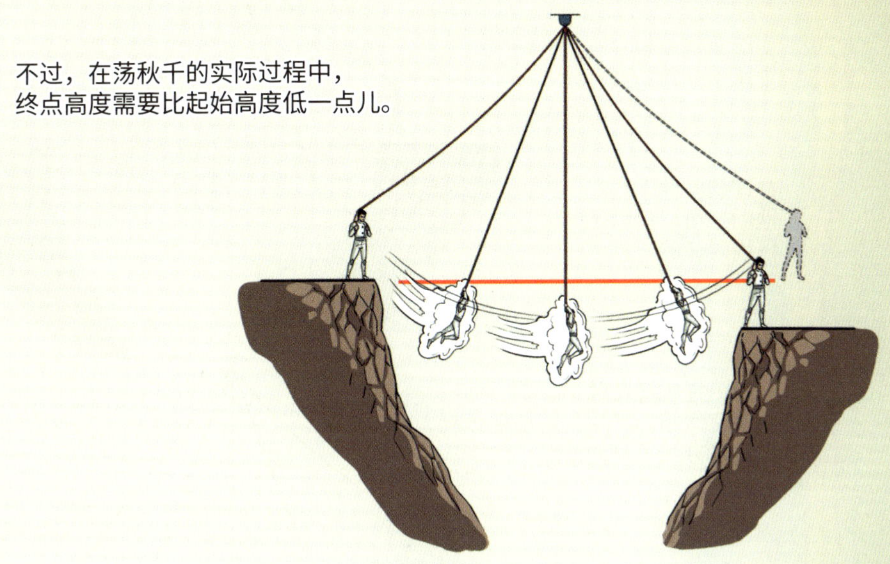

这是因为在荡秋千的过程中，人会与空气产生**摩擦**，
损失掉一部分机械能。

采集小队用激光发射器测量了一下对岸的高度，
结果发现两岸高度相等。

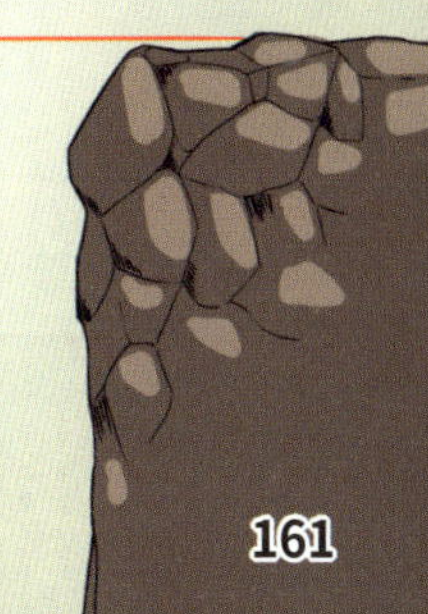

凭借测量结果，
采集小队得出最终结论：
在理想条件下，
他们是可以把秋千
荡到对岸的。
但是，在实际条件下，
因为空气阻力产生的机械能损耗，
秋千没办法荡到对岸。
根据这个结论，
采集小队不得不放弃荡秋千的计划，
寻找其他道路回定居点。

小 结

SUMMARY

1 动能和势能

物体能够对外做功，说明这个物体具有能量。

物体因为运动而具有的能量叫作动能。物体的质量越大，运动速度越大，动能就越大。

物体由于受到重力并处在一定高度时所具有的能，叫作重力势能。物体的质量越大，位置越高，重力势能就越大。

物体由于发生弹性形变而具有的能量叫作弹性势能。同一物体的弹性形变越大，弹性势能就越大。

重力势能和弹性势能是常见的两种势能。

2 机械能及其转化

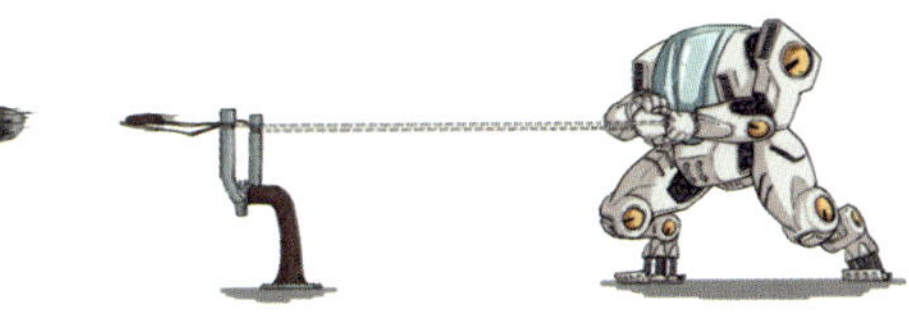

动能、重力势能和弹性势能这 3 种能量被统称为机械能。

动能和势能是可以相互转化的。如果转化过程中只有动能和势能，那么机械能是守恒的。

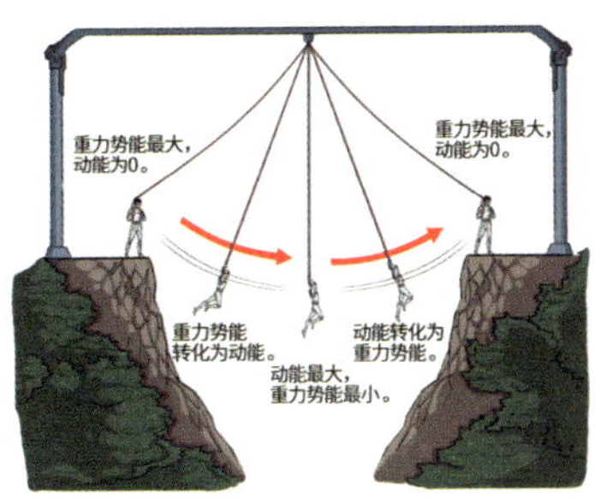

拓展阅读

三峡大坝里的机械能

1

在我们的日常生活中，机械能无处不在。今天，我们就讲一个完美利用机械能的例子——三峡水利枢纽。

2

三峡水利枢纽有一个很重要的部分，就是水电站。三峡水电站每年为全国供应大量电力，是目前世界上规模最大的水电站。

坝后电站

接下来，我们就重点讲讲三峡水利枢纽的发电过程。

3

要想利用水力发电，首先要用堤坝将上游的水拦住，让堤坝两边的水位高度不一样。

4

然后通过大坝里面的压力管道，把高处的水引到低处。在这个过程中，水的重力势能转化为动能。

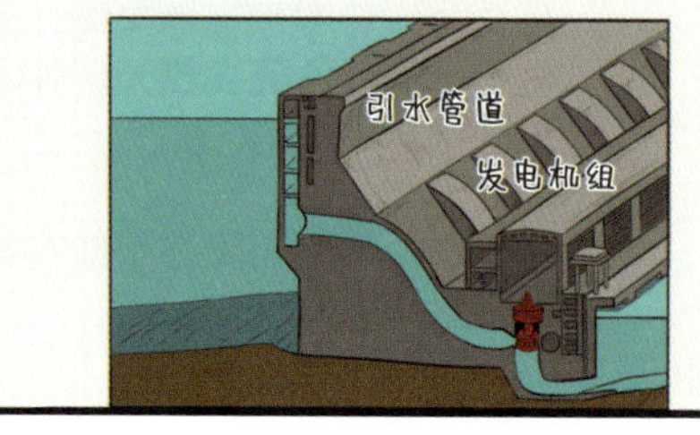

5

接着在低处安一个涡轮发电机。

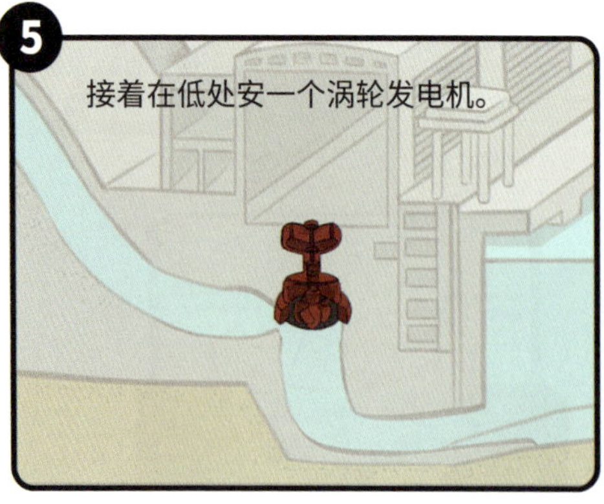

6

湍急的水流带着发电机的涡轮转动，进而使发电机发电。在这个过程中，水流的动能就转化成电能。

第十二章 [简单机械]

简单机械

第一节

杠杆和滑轮

队员们就想到一种简易装置——**杠杆**。

杠杆这类装置做起来很简单。

一块长木板

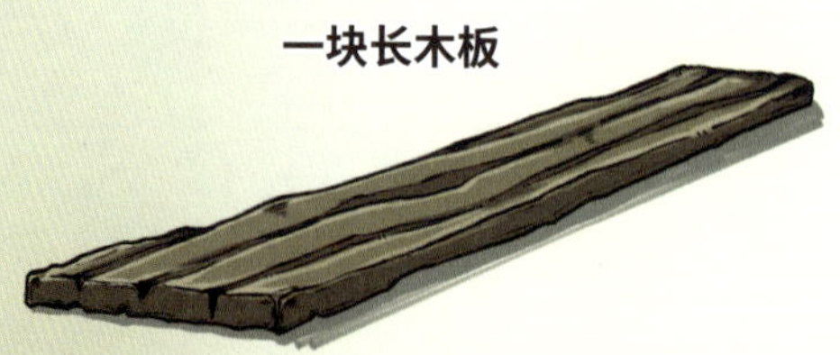

把长木板放在石头上面，让长木板绕着一个固定点转动，这个装置就叫**杠杆**。

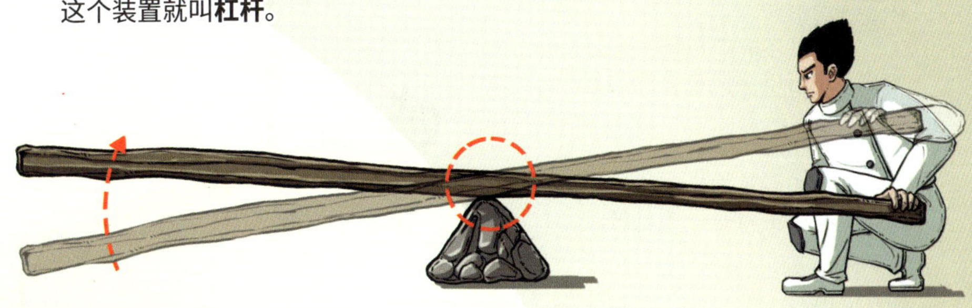

接下来，我们分析一下上面这个杠杆究竟包括哪几个部分。

首先，杠杆绕着固定点转动，这个固定的点叫**支点**。

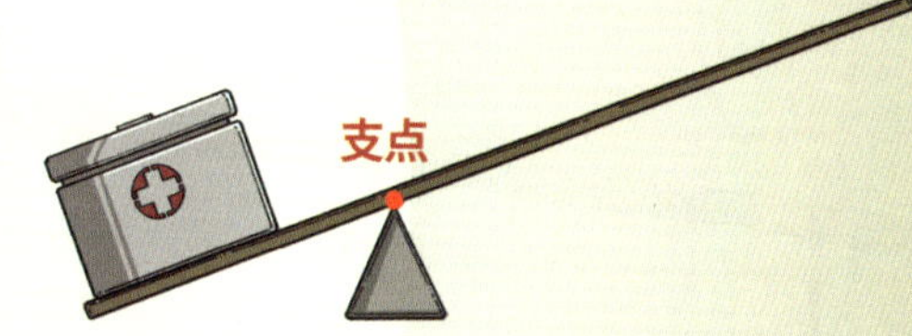

其次，有一个阻碍杠杆转动的力，叫**阻力**；

支点到阻力作用线的垂直距离叫**阻力臂**。

最后，有一个使杠杆转动的力，叫**动力**；

支点到动力作用线的垂直距离叫**动力臂**。

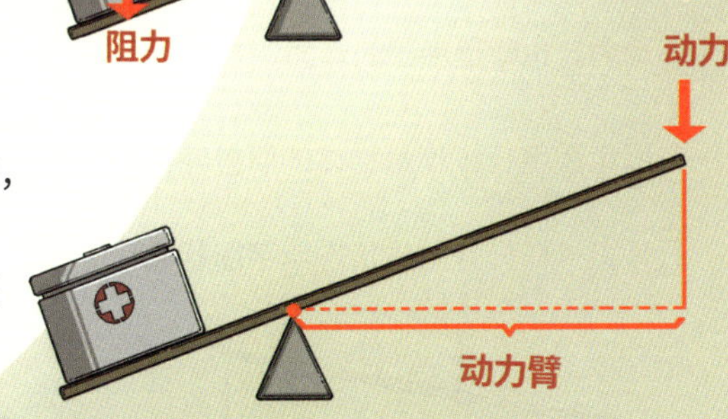

一个完整的杠杆就是由**支点、阻力、阻力臂、动力**和**动力臂**这 5 个部分组成的。

杠杆不光可以用来撬动物体，
还可以测量物体的质量。

例如：菜市场里常用的**杆秤**
本质上就是一个杠杆。

所以杆秤的结构和普通杠杆一样。

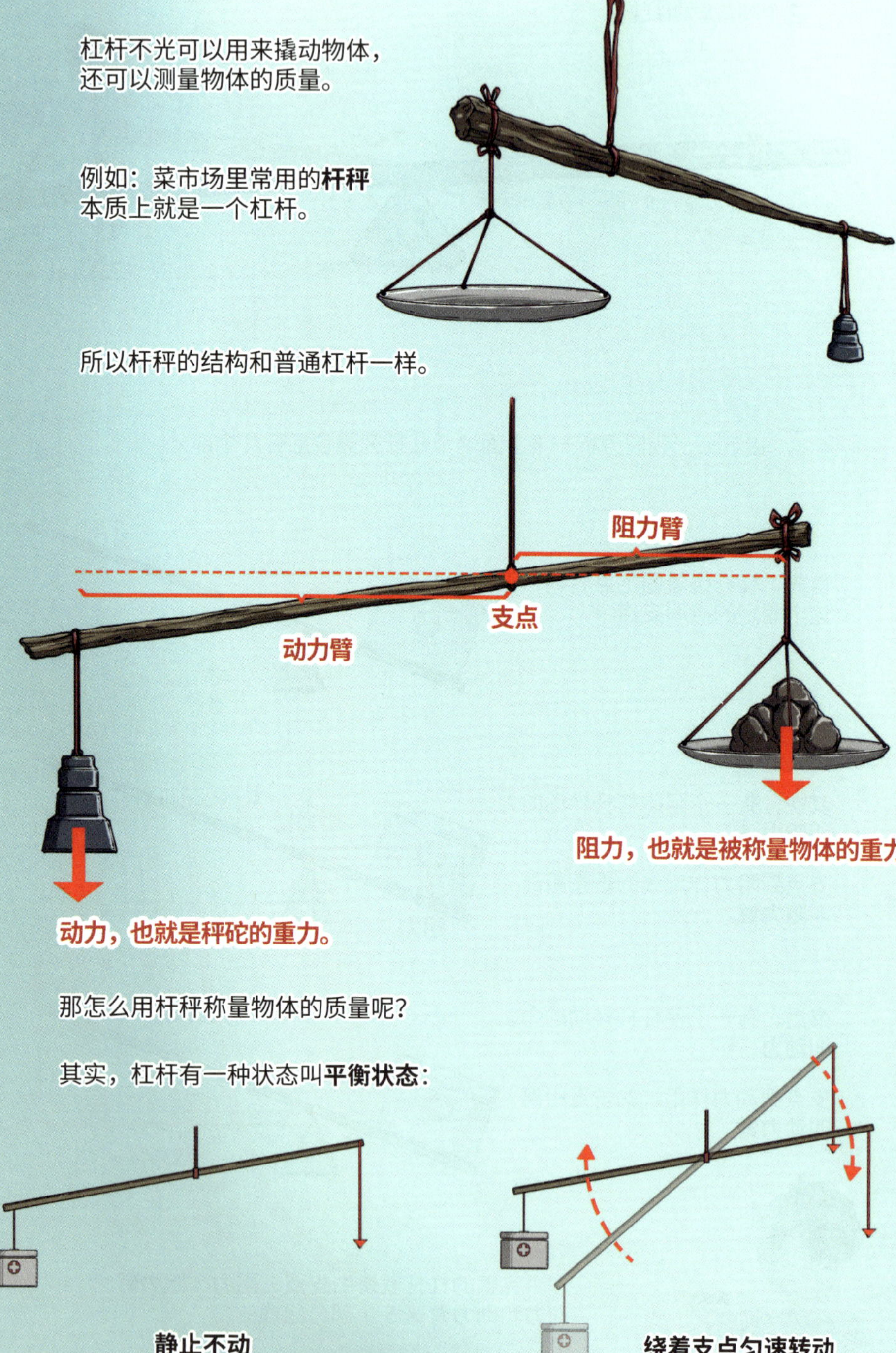

那怎么用杆秤称量物体的质量呢？

其实，杠杆有一种状态叫**平衡状态**：

在平衡状态的时候，整个杠杆满足一个条件：

动力 × 动力臂 = 阻力 × 阻力臂

这个平衡条件叫**杠杆原理**。

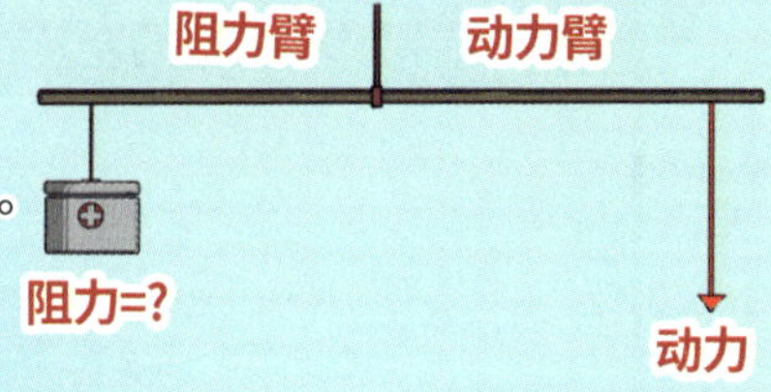

当杆秤静止不动的时候，恰恰处于**平衡状态**。如果知道动力、动力臂和阻力臂的大小，根据杠杆原理，我们可以把阻力算出来。

这个阻力就是被称量物体的重力。

搞清楚这些后，采集队员做了一个巨型杆秤，专门用来称量这箱超重的医疗物资。

称量完以后，他们可以轻松算出这箱物资的质量。

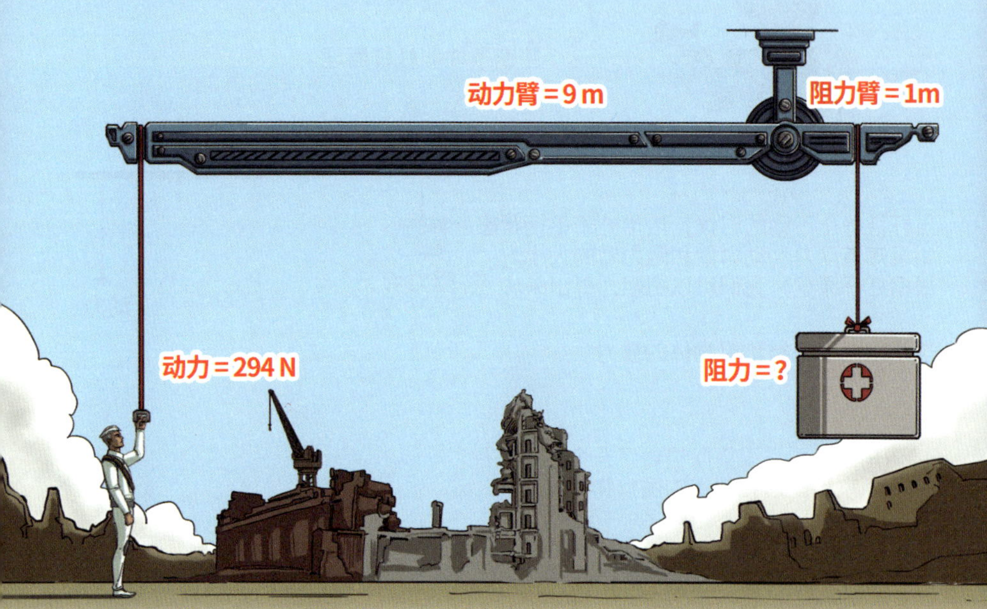

根据杠杆原理　**动力 × 动力臂 = 阻力 × 阻力臂**

把数据代入公式　$294\ \text{N} \times 9\ \text{m} = ? \times 1\ \text{m}$

$$阻力 = \frac{294\ \text{N} \times 9\ \text{m}}{1\ \text{m}} = 2\ 646\ \text{N}$$

阻力和医疗物资的重力相等，
所以，医疗物资的质量：

$$m = \frac{G}{g} = \frac{2\ 646\ \text{N}}{9.8\ \text{N/kg}} = 270\ \text{kg}$$

其实，在日常生活中，杠杆还有更多的应用。
根据力臂相对长短，杠杆主要有 3 种。

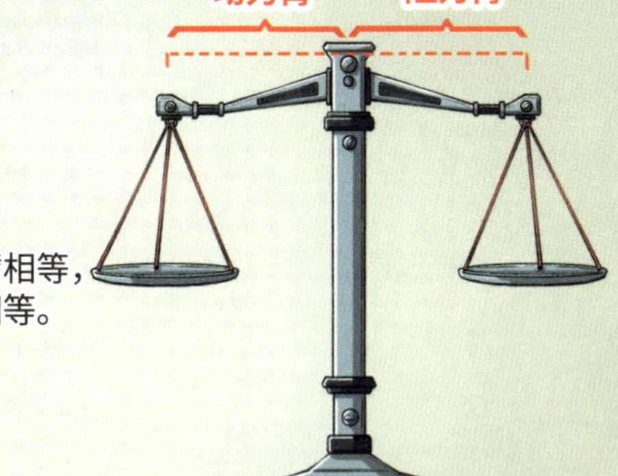

等臂杠杆：
动力臂和阻力臂相等，
动力和阻力也相等。

省力杠杆：
动力臂大于阻力臂，
省力，但是费距离。

费力杠杆：
动力臂小于阻力臂，
费力，但是省距离。

采集小队正是巧用杠杆原理
制作了一个**省力杠杆**，
这才顺利测量出医疗物资的质量。

称重工作完成以后，
采集小队准备将这些物资运到战略储备室。

战略储备室位于半山腰上的一个山洞，
位置隐秘，易守难攻。

这时候，采集小队犯了难：

医疗箱要受到一个向上的力，才能被送上去，
可是工程机甲又不会飞，没法送上去。

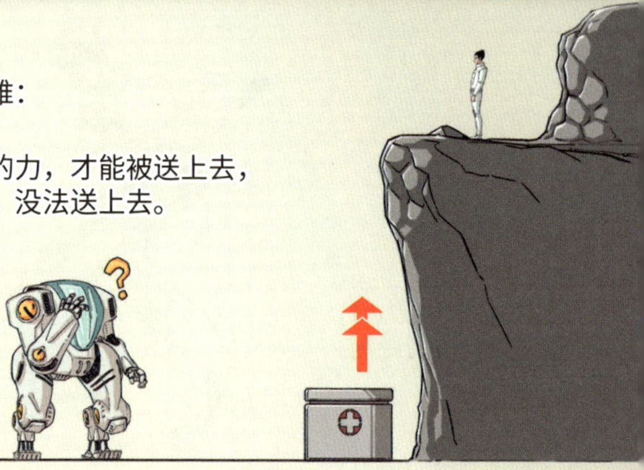

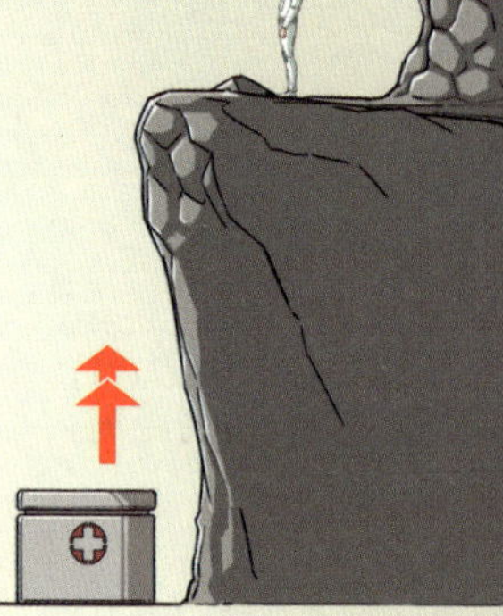

这时候，他们想到另外一种简易装置——**滑轮**。

滑轮一般分为两种：

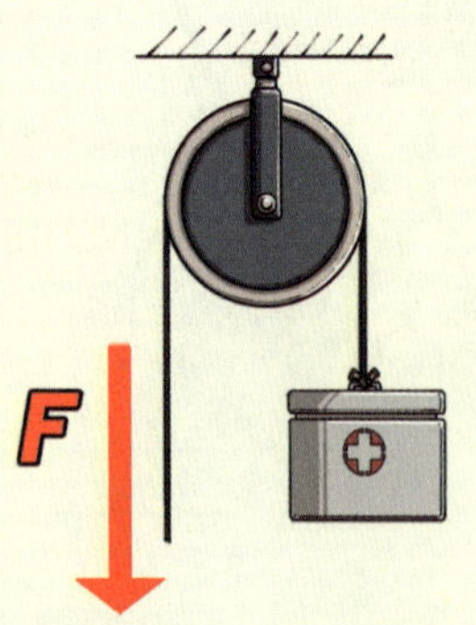

物体被拉动的时候，
滑轮中心轴固定不动的，
叫**定滑轮**。

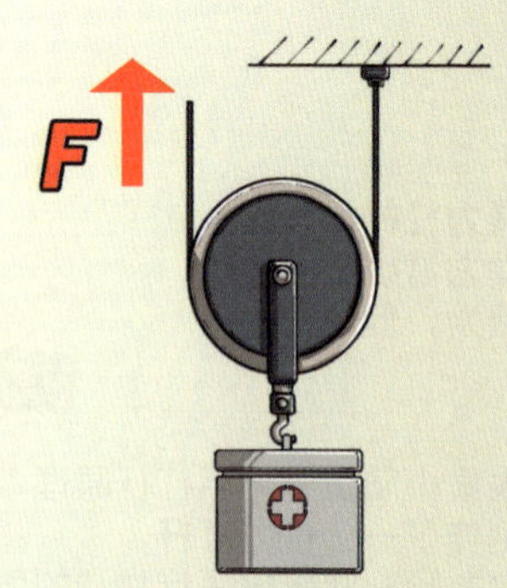

物体被拉动的时候，
滑轮中心轴跟着物体一起动的，
叫**动滑轮**。

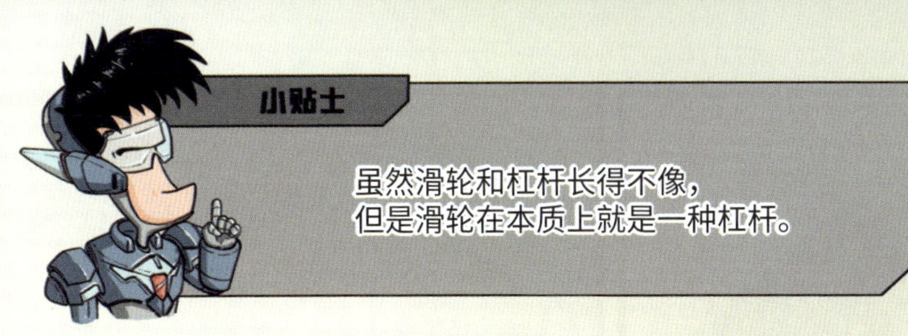

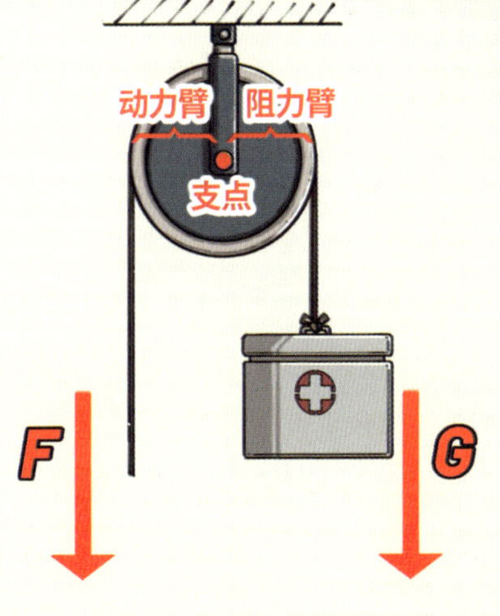

就拿定滑轮来说，
拉动物体的时候，中心轴不动，
所以中心轴是支点。

这种情况下，动力臂和阻力臂相等，
定滑轮本质上是个等臂杠杆，
所以**并不会省力**。

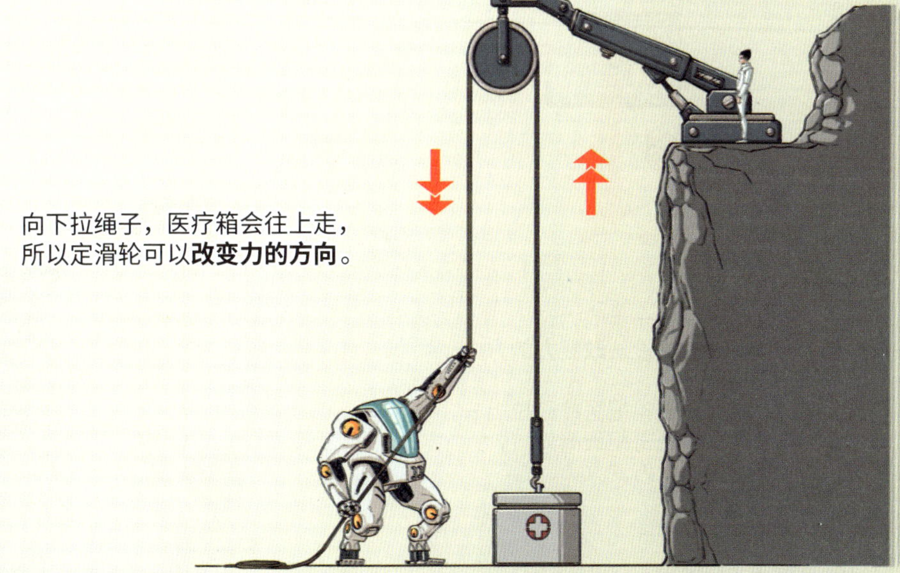

向下拉绳子，医疗箱会往上走，
所以定滑轮可以**改变力的方向**。

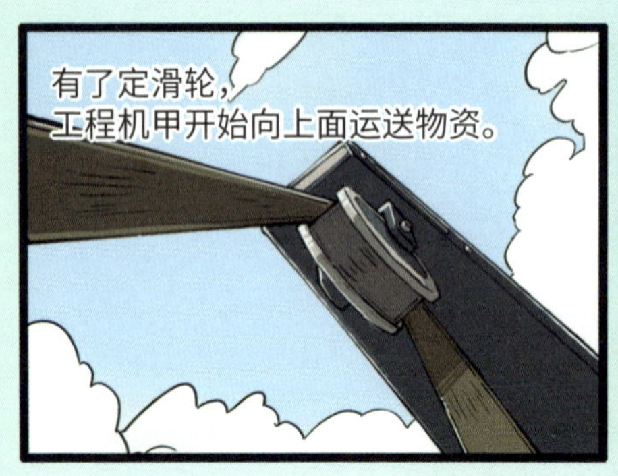

既然用定滑轮拉起来这么费劲，
我们再来看看另一种滑轮——**动滑轮**。

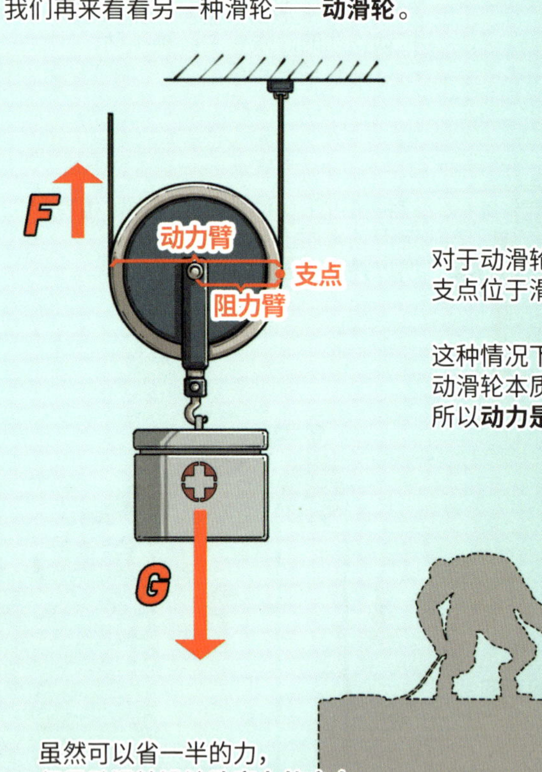

对于动滑轮来说，
支点位于滑轮的边缘。

这种情况下，动力臂是阻力臂的 2 倍，
动滑轮本质上是个省力杠杆，
所以**动力是阻力的一半大小**。

虽然可以省一半的力，
但是动滑轮没法**改变力的方向**。

要想用动滑轮把医疗箱拉上去，
工程机甲也得跑到高处拉，
这明显不太方便。

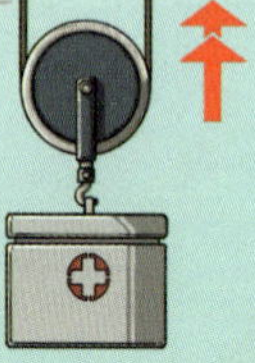

讲到这里，我们总结一下两种滑轮的优缺点。

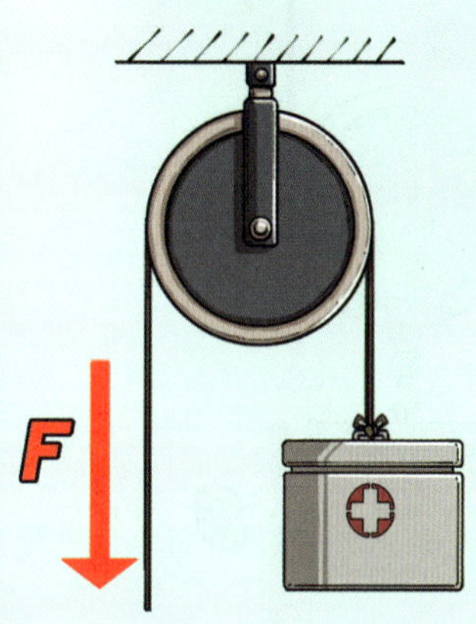

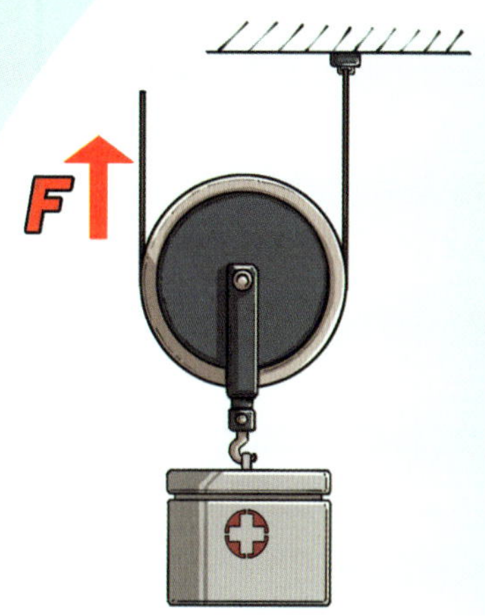

定滑轮：
可以**改变力的方向**，但是**不省力**。

动滑轮：
省力，但是**不能改变力的方向**。

既要改变力的方向，又要省力，
那就得把定滑轮和动滑轮结合在一起，
做出一个新装置——**滑轮组**。

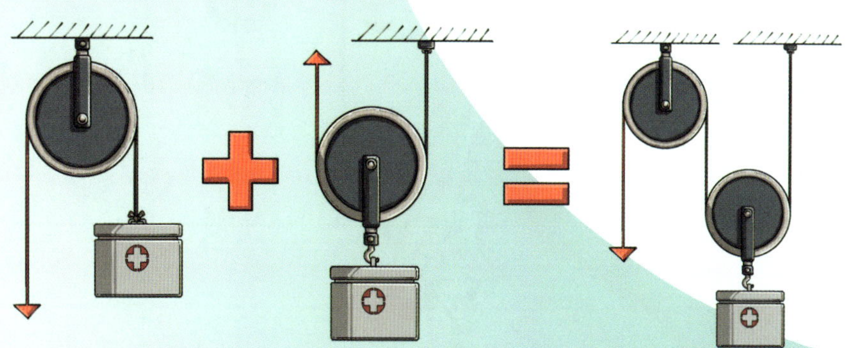

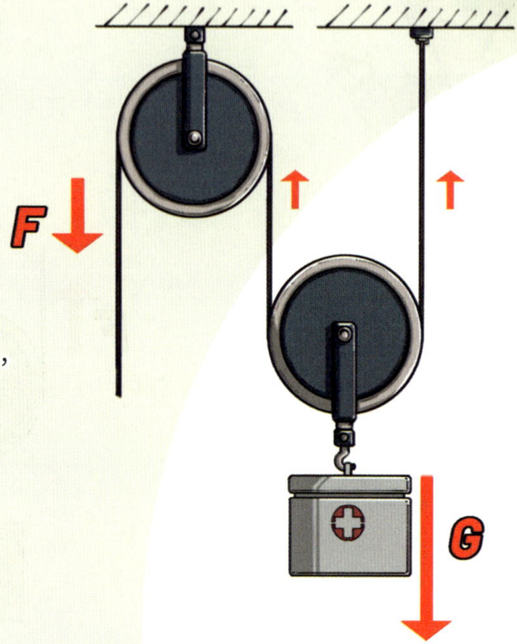

新组装的这个滑轮组
不仅可以省一半的力，

而且可以改变力的方向。

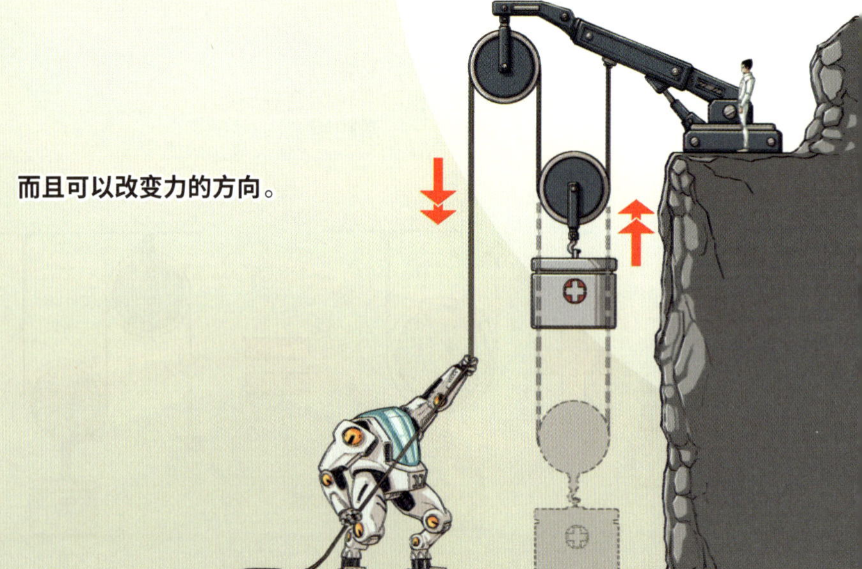

将滑轮组安装好以后，
工程机甲干起活来非常轻松省力。

一批批的医疗物资开始源源不断地被运进战略储备室。

小　结

SUMMARY

1　杠杆的平衡条件

杠杆平衡的时候，满足下列条件：

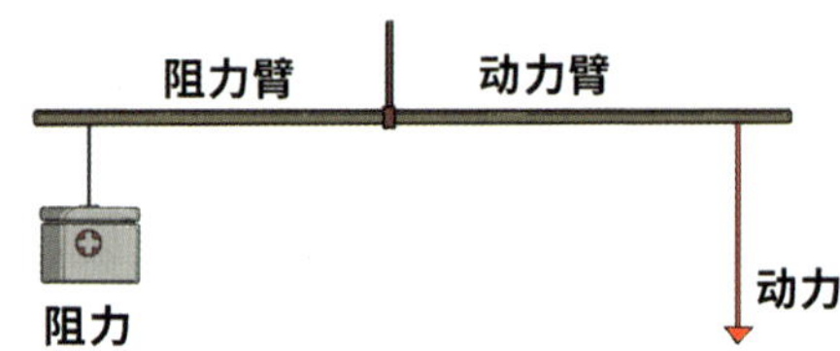

动力 × 动力臂 = 阻力 × 阻力臂

2　滑轮

定滑轮省不了力，但是能改变力的方向，适合一些力的方向和物体运动方向不同的场景。

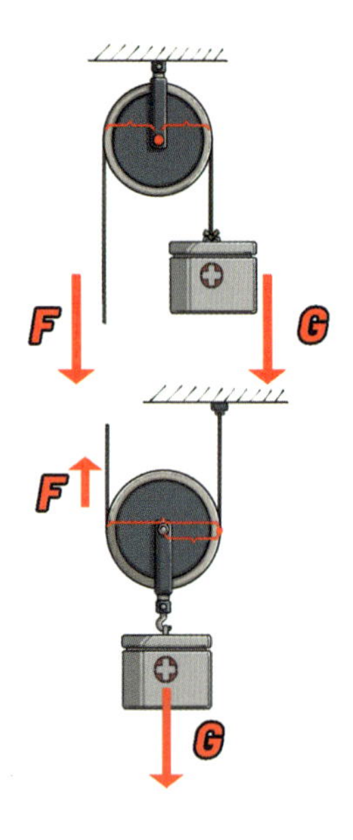

动滑轮可以省力，但是不能改变力的方向，而且力要移动更长的距离。一般吊起重物的时候可以用到动滑轮。

滑轮组既可以省力，也可以改变力的方向，可以应用于很多复杂的情况。

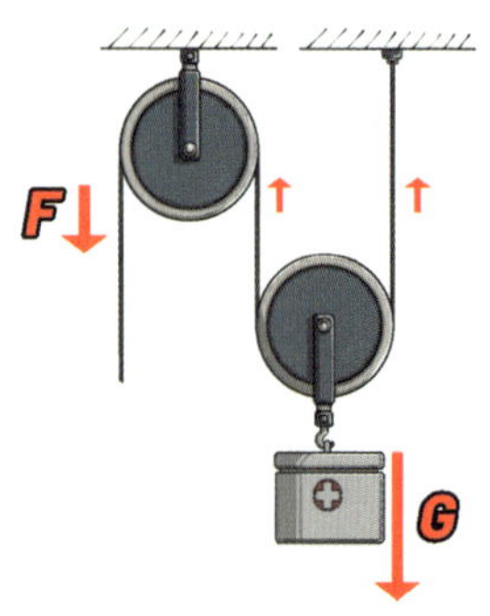

第二节

什么是机械效率？

让人没想到的是，工程机甲正“吭哧吭哧”干着活，突然没电了。

按理说工程机甲电池的电量绰绰有余，为什么突然就没电了呢？

我们先来分析一下工程机甲做的功去了哪里。

在工程机甲做的功里面，有一部分是没什么用的功，
这部分功叫**额外功**，用 $W_{额外}$ 表示。

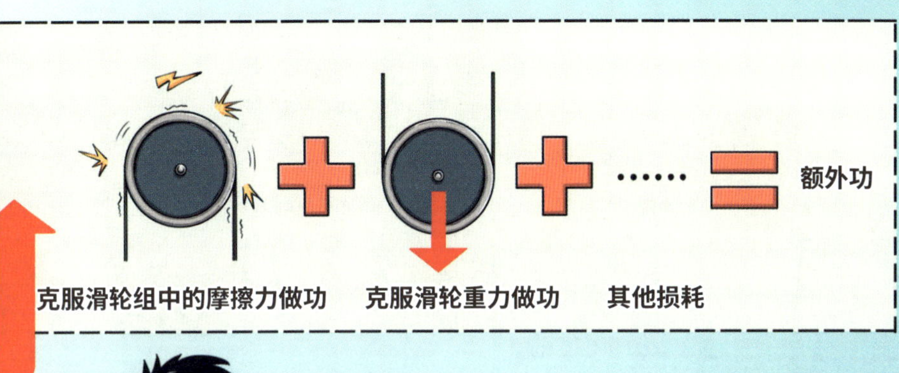

额外功虽然没什么用，但是**不可避免**。

另外一部分做功是为了把医疗箱送到上面，
这部分功叫**有用功**，用 $W_{有用}$ 表示。

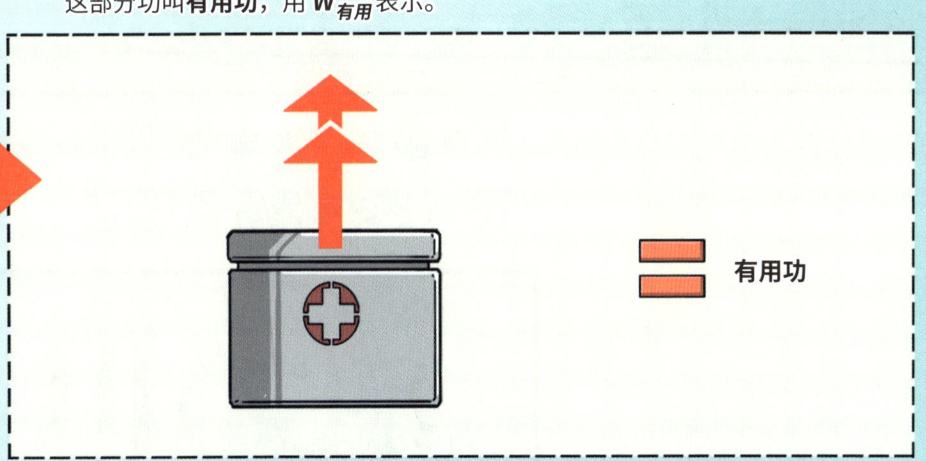

额外功和有用功加起来，就是整个系统做的功，也就是**总功**。

额外功不可避免，但是越少越好。
现在耗电量这么大，很可能是额外功做得太多了。

为此，采集小队进行了一次测算：

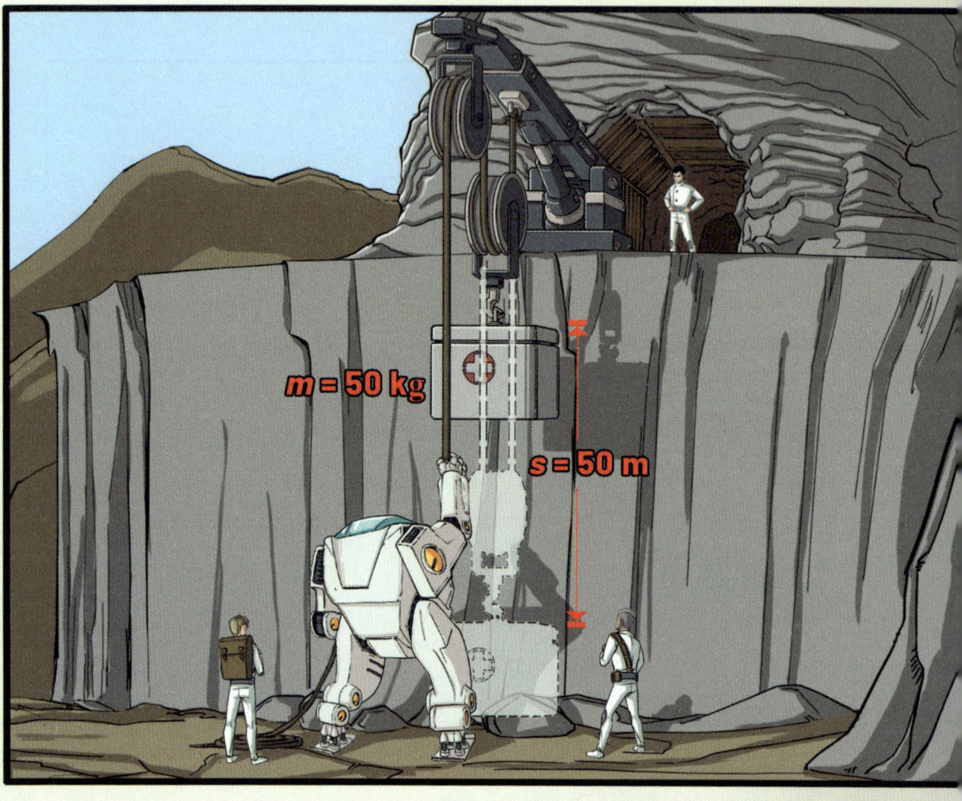

$m = 50\ \mathrm{kg}$

$s = 50\ \mathrm{m}$

将 50 kg 的医疗箱运到 50 m 高的战略储备室，这个过程做的有用功可以算出来：

$$F = G = mg = 490\ \mathrm{N}$$

$$W = Fs = 24\ 500\ \mathrm{J}$$

在这个过程中，
工程机甲消耗的能量
是 49 000 J，也就是

算到这里，其实我们可以更进一步，算一算有用功占总功的百分比。这个比值叫**机械效率**，用字母 η 表示。

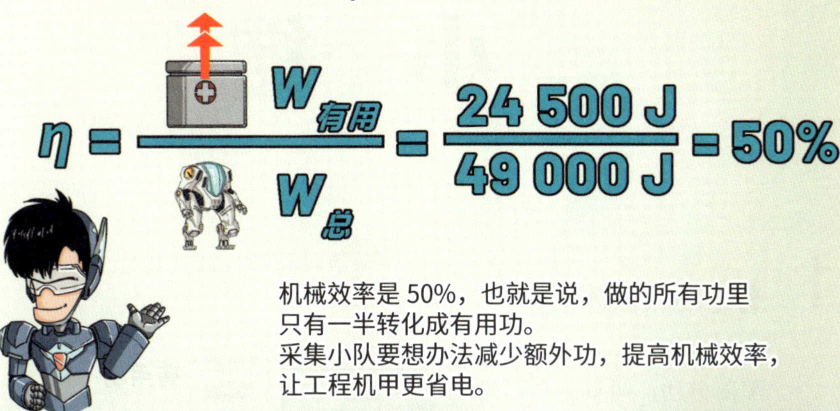

$$\eta = \frac{W_{有用}}{W_{总}} = \frac{24\,500\ \text{J}}{49\,000\ \text{J}} = 50\%$$

机械效率是 50%，也就是说，做的所有功里只有一半转化成有用功。
采集小队要想办法减少额外功，提高机械效率，让工程机甲更省电。

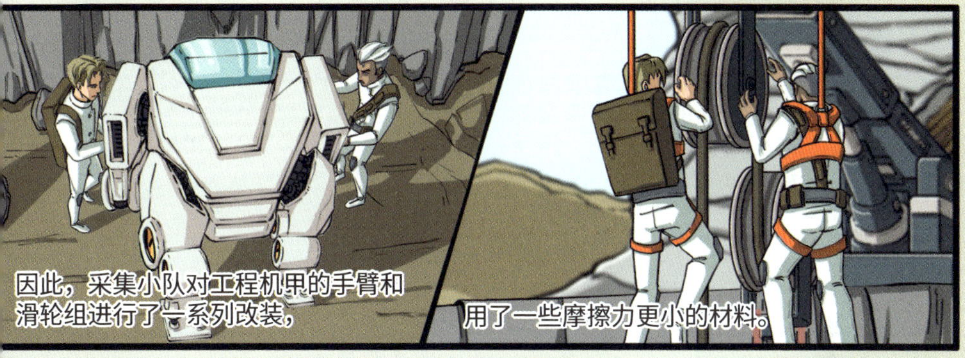

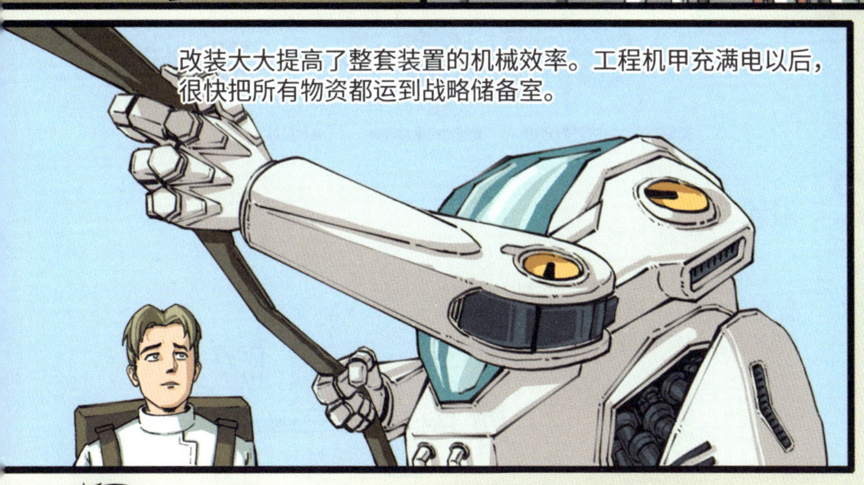

除了滑轮和杠杆，生活中还有很多简单机械。
掌握简单机械的制作和使用方法，可以为我们提供很多便利。

1 有用功和额外功

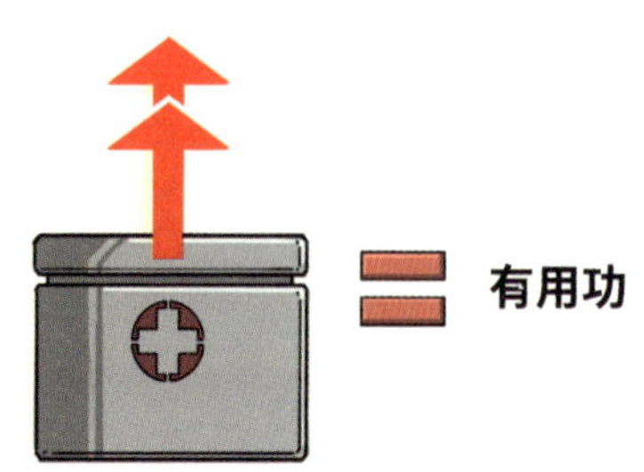

做功中对人们有用的那部分功，叫有用功，用字母 $W_{有用}$表示。

简单来说，克服摩擦力等因素的影响而多做的一些功，叫额外功，用字母 $W_{额外}$表示。

额外功没办法避免。

额外功和有用功加起来，就是拉力做的功，也就是总功。

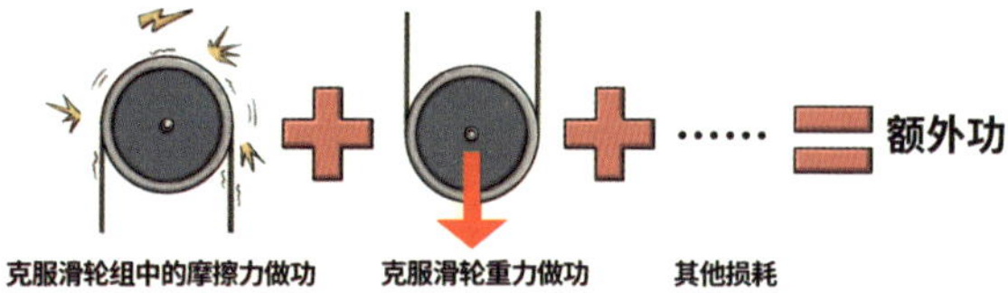

2 滑轮

使用机械做功的时候，有用功 $W_{有用}$跟总功 $W_{总}$的比值，叫作机械效率 η。

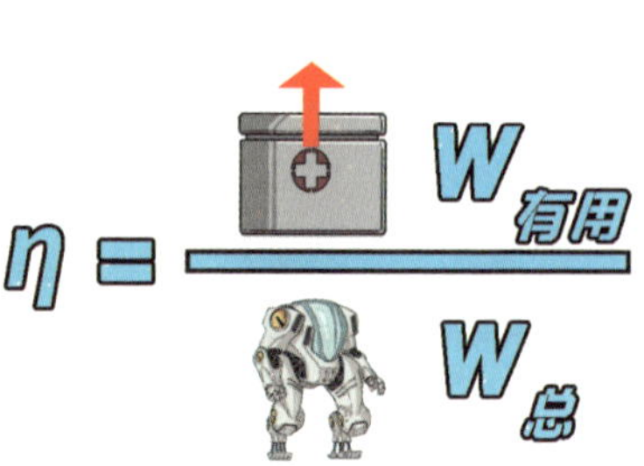